保育士てぃ先生のつぶやき日誌

きょう、ほいくえんでね…!!

てぃ先生・著

マガジンハウス

プロローグ

ほいくえんの毎日

男の子・3歳

園児「せんせい！
そこで ころんだこがいた」
先生「教えてくれてありがとう。どの子？」
園児「…ぼく…」

自分かーい!!

女の子・5歳

園児「せんせい！ なんで
みんな『ママ』っていったり、
『おかあさん』っていったりするの？」
先生「お家《うち》によって違うんだよ」
園児「じゃあ、こんどから
『だいすきママ』ってよぶ！」

きっとママ
照れちゃうぞ！

男の子・5歳

園児「せんせい！ よるねるときにさ、
ぼくに おやすみって いって！」
先生「わかった！ でもなんで？」
園児「せんせいと ねるみたいで
うれしいからだよ」

【ほいくえんの毎日】

女の子・5歳

園児「せんせい！ みて！ は ぬけた〜！」

先生「グラグラしてたもんね。よかったね！」

園児「ぬけた は ね、おじいちゃんに あげるんだ！
ちょっとだけ ないところ あるから！」

女の子・5歳

園児「せんせい！
かわいいとかわいいが
がったいしたら なんになる？」

先生「とっても可愛くなる！」

園児「ぶー！ わたしになる でした！」

この自信
一生持ち続けて！

男の子・4歳

園児「せんせい！
せんせいたち かわいそう…」

先生「どうして？」

園児「いつ しょうがくせいに なれるの？
ずっと ほいくえんじゃん！」

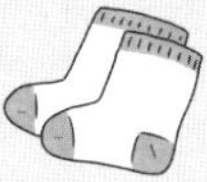

はじめに

この本を手にとっていただいて、ありがとうございます!!
僕の名前は、〝てぃ先生〟です。よく「てい先生」と間違われるのですが、本名の「たかひろ」からイニシャルをとって「T先生」→「てぃ先生」と名乗っています。

僕は保育士をしています。2019年度で11年目を迎えます。この原稿を書いているときは、まだ新年度の担当クラスの発表がされていないので、毎日ドキドキワクワクです。

11年も保育士をやっていると、当然たくさんの子どもたちに出会います。それぞれに個性があり、同じ子はおらず、名前を言われれば「あ〜、あの子ね!」とすぐに思い出せるくらい、一人ひとりと深く関わってこられたと思います。

日々、個性豊かな子どもたちと接していると、いろいろな面白いこと・笑っちゃうような出来事・新しい気づきなどがあります。毎日が楽しいイベントのようです。

ニュースやネット記事などで言われているように、保育士の賃金や労働環境は決してよいものではありません。しかし、そんな中でも楽しいことや、うれしいことが山ほどあるからこそ、僕たち保育士は働いています。ご家庭のパパママも子育ては確かに大変だけれども、子どもの笑顔や姿に喜び・成長を感じることが多いのではないでしょうか。

【保育】【子育て】【子ども】というワードに関して、世の中へもっと明るいことを発信することができたらいいな——、そんなふうに思い立ちTwitter（アカウントは、@_happyboyです）を始めました。てぃ先生という名前もそこで生まれたものです。

はじめに

保育園で起こる子どもとの面白い・楽しいエピソードをつぶやき続け、現在では46万人を超える方々にフォローしていただいています。最近では、保育士という職業だからこそ得た「子育てで使えるワンポイントテクニック」もつぶやき、パパママに喜んでいただいています。

僕は子どもを取り巻く環境がもっとハッピーになったらよいと思います。しかし、それ以上に、まずは子どものまわりにいる大人たちからハッピーになってもらいたいのです。日本の子育ての環境は「子どものために我慢《がまん》」「子どものために諦《あきら》めろ」「子どものために頑張《がんば》れ」と、まるで大人は犠牲になることが当然のようになっています。そうしてもらった子どもは果たしてうれしいのでしょうか。僕はそうは思いません。

むしろ、**まずは大人が一番幸せになること。その幸せを子どもにギフトとしてたくさんプレゼントしてあげる。**このくらいの感覚でいたほうが、子ども含めて全体がハッピーになれるように思います。子どもはきっと「子どものために」となりすぎて眉間《みけん》にシワがよっている大人よりも、自分自身のことも大切にしている笑顔あふれる大人のほうが好きでしょうから。

そのために、パパママも保育士も、そしてそれを見守るまわりの人々も、みんなが【保育】【子育て】【子ども】というものに対して、もっともっとポジティブなイメージを持ってほしい。そのきっかけのひとつとして、この本が役に立ってくれたらいいなと思います。

Twitter、そしてこの本にあげているエピソードの数々は、保育園と保護者の方に許可をいただいた上で掲載をしています。安心して読んでください。

それでは、楽しい保育・子育て・子どもの世界にいってらっしゃい！

てぃ先生

もくじ

Chapter 1 ほいくえん大好き！

Chapter 2 続・ほいくえん大好き！

Chapter

3 ママ・パパ大好き！

Chapter

4 お友だち大好き！

Chapter
5 しぜん大好き！

Chapter
6 せんせい大好き！

※本書に登場する人物の名前はすべて仮名です。

Chapter

1

ほいくえん大好き！

「保育園ってどんなところ？」「保育士ってどんな仕事？」――。もしかして子どもたちは、先生をいつも一緒に遊んでいるお友だちみたいに思っているのかも…!? 普段なかなか見られない秘密の場所をのぞいてみましょう！

scene 01

トントン

お昼寝中——

トントンしていたれんくん（4歳）が

「せんせい…」と眠そうな声で話しかけてきた。

れん「ぼく もうすぐ ねるんだけどさ…
ねたら おかお みてね」

先生「お顔？　わかった」

れん「ぼく ねたかおが
かわいいんだよ」

もうすでに可愛い。

れんくんのように眠れない子には、からだをトントンしてあげます。でも、基本的に子どもたちはみなトントンしてもらいたいので、トントンの奪い合いが発生します！　大きくなると賢くなって、お昼ごはんのときなどお昼寝の前に「ねえ、先生……、今日はボクのこと最初にトントンしてね」って、予約みたいなこともします。

れんくんの場合は、どうやら普段から「寝顔が可愛い」って、ママから言われているみたい。自分の寝顔が可愛いという自信があったんですね（笑）。

ぽいんと

幼稚園（3歳から入園）には「お昼寝の時間」はありません。基本的に幼稚園は就学に向けた場「プレ小学校」という位置づけだからです。「お昼寝は必要？」と聞かれたら、僕は保育士だからという理由だけではなく、「必要」だと答えます。特に0～3歳までは、寝ないで稼働できる時間が少ないですし、成長のためにお昼寝が大切だという研究もされています。また、身体だけでなく脳の疲れもとれるので情緒が安定し、睡眠ホルモンによって免疫力を高める効果もお昼寝にはあるんですよ。

scene 02

おしごと

ある日のこと——

ゆうまくん（4歳）に「せんせい！」と呼ばれた。

先生「な一に？」

ゆうま「せんせいさ、いっつも みんなと
あそんでるけど、
おしごと しなくていいの？」

先生「…」

先生は、
これが大切なお仕事なんだよ！

じつは、ゆうまくんのパパはフットサルの選手。でも、それがパパのお仕事だとは思ってはいないようで……。「パパもお仕事してない」「ボールけって遊んでるんだよ」って、可愛いですね。

ゆうまくんは「仕事」や「職業」という概念がまだ明確ではないのかもしれません。お花屋さんやお菓子屋さん、コンビニの店員さんなど、モノとお金のやり取りがあるのが仕事と思っている様子。お相撲さんや消防士さんなどは、職業ではなく、そういう人たちなんだというかんじでしょうか。

保育士は、お絵描きをしたり、ピアノを弾いたりで、いつも一緒に遊んでいますからなおさらです。子どもにとっては、お友だち感覚かもしれないですね。

先日も、「先生はいつ小学生になれるの？」って心配されましたから（笑）。

ぽいんと

保育園では遊びの時間がありますが、「遊び」も教育の一環です。例えば、「かけっこ」は、「脚力」を育てるという目的があります。コースを曲がることで「バランス感覚」を養い、他の人と競争するという「競争心」も養うことができるのです。

scene 03

マナー

お散歩中――
はるとくん（4歳）が
「せんせい、あれ なんて かいてるの？」と
看板を指差した。

先生「ポイ捨て禁止、だよ！
道にゴミを捨てないでねって」
はると「どうして？」
先生「だって、ゴミ落ちてたら汚いでしょ？」
はると「ちがうよ、どうして そんなの
かくの？ わかるじゃん！」

そのとおり!!

マナーに厳しいはるとくん。別の日も、道にツバをはいたおじさんに、「なんで、みんなが歩く道にペッてするの！」と、怒っていましたね。

でも、最近とくに思うのは、**大人より子どものほうが礼儀正しく、マナーがいいということ。**例えば、おままごとをしているとき、僕がレストランの店員役になって「いらっしゃいませ」と言うと、お客役の子が「きました〜!!」って言うんです。「ご注文お決まりですか？」と聞くと、「はい、決まりました。カレーください！」って言う。最後に、「ありがとうございました」と言うと、「こちらこそ、ありがとうございました！」って言って、帰って行く。

大人の中には店員さんに注文を聞かれても「カレー」としか答えない人がいますよね。「カレーをお願いします」ときちんと言わない。帰りに「ありがとうございました」と言われても、会釈するぐらいではないでしょうか。

大人になるにつれ、子どもの頃の礼儀正しさがおざなりになってしまうんだなぁと感じます。はるとくんの指摘どおり、道にモノを捨ててはいけないなんて当たり前のこと。**子どもに気づかされることってたくさんありますね。**

scene 04

プライド

あそびの時間──

しゅんくん（5歳）が

「あ～ だっこ されてみたいな～」とつぶやいた。

先生「いいよ、先生するよ」

しゅん「でも ぼく あかちゃん
じゃないからさ…」

先生「赤ちゃんじゃなくても、
抱っこしてもらっていいんだよ」

しゅん「じゃあさ、みんなに みえない
とこで だっこして…」

可愛すぎるプライド。

少し照れながらのしゅんくんを抱っこしていると、「保育士になってよかったなぁ〜」としみじみ思います。

この子には弟がいるんですけど、まだ小さいのでママは下の子を抱っこしています。ママから「赤ちゃんを抱っこしているから……」と言われているのかもしれません。だから、しゅんくんはあまり抱っこしてもらえない。お兄ちゃんだけど甘えたいという気持ちが、こちらに向いて「先生に抱っこされてみたいな〜」ってなったのかも。

「抱っこして！」ではなくて、「抱っこされてみたいな〜」というのが、5歳児らしくて可愛らしいですよね。

ぽいんと

年長さんになると「羞恥心《しゅうちしん》」が芽生えてきます。抱っこしてもらうのも恥ずかしがります。「抱っこしてほしいけど、まわりの子には知られたくない……」という葛藤《かっとう》があるんですね。また、自分が発言したことがすべると「すべったな」というのも、ちゃんとわかるようになる年頃です。

scene 05

あ〜ん！

お昼ごはん――

「もう たべられない！ おなか いっぱい」と

ひなたくん（3歳）。

（見たところ十分食べていたので…）

先生「そっか、じゃあ
ご馳走さましようか！」

ひなた「でもね…。
せんせいが あ〜んって
してくれたら ぜんぶ
たべられるかも…」

今すぐします！

3歳とはいえ、まだまだ甘えたい気持ちのあるひなたくん。ほんとうは自分で食べられるのに、「先生があ〜んしてくれたら、全部食べられるかも……」と**可愛いおねだり**をされました。ちょっと恥ずかしそうにこんなことを言われたら、すぐに「あ〜ん」してあげたくなりますよね。

ひなたくんは、ふだんは活発な子で、戦隊ヒーローの真似をして、「○○パンチ！」などと叫んで、先生のことをパンチするようなタイプ。お家でも、ママやパパとヒーローごっこで遊ぶのが好きでした。ところが、ママのお腹が大きくなってくると、「そういうのは危ないからやめて」と言われ、ストレスが溜《た》まってきたのかもしれません。お家であまりヒーローごっこができなくなったので、僕に甘えん坊の顔をのぞかせたのかな？

最近の話ですが、ひなたくんは自分で上着が着られるようになっていたのに、ある日突然「**先生、できな〜い！**」と言ってきました。できるのに、できないと言って甘えてきて、僕に上着を着せてもらいたがるのです。こういう甘えはワガママではなく、必要な愛情欲求なのでしっかりと受けとめたいです。

scene 06

お手伝い

レストランごっこ中——
お客さん役のゆずきちゃん（3歳）が
「ハンバーグ ください！」と注文した。

先生「かしこまりました！
いまから作りますね！」
ゆずき「まって！」
先生「どうしました？」
ゆずき「おてつだい する！
いっしょに つくろ！」

なんてステキなお客さん！

お手伝いが好きなゆずきちゃん。普段から先生たちがお遊びなどの準備をしていると、率先《そっせん》して手伝ってくれます。この前も、みんなでお絵描きをするとき、お絵かき用のシートを机に広げたり、一人ひとりに紙やノリを配るのを手伝ってくれました。

ゆずきちゃんはお家でもママのお手伝いをしているようです。料理のときは、キャベツを手でちぎったり、ママと一緒にニンジンを切っているみたい。切るといっても実際にはママが包丁で切って、ゆずきちゃんは手を添えるだけだそうですけど。もう少し大きくなったら、料理のお手伝いももっとできるから楽しみですね！

ぽいんと

料理のお手伝いというと、「ピーラーでの皮むき」などを考えがちですが、簡単なことでもOK。例えば、キュウリの塩もみ。もむのを手伝ってもらうのもいいですが、キュウリを入れるビニール袋を出してもらうだけでも十分お手伝いになります。「ビニール袋とって」「ティッシュ1枚とって」などの簡単なことでも、子どもはお手伝いができてうれしいんですよ。

scene 07

あつまれ〜

お茶碗を持ちながら、

「あつまれ〜 して」とようたくん（3歳）。

先生「いいよ！ でも、ようたくん上手
だから自分でもやってごらん」

ようた「あつまれ〜！ …ダメだった」

集める気ないな。

でも可愛いから許すぞ！

お昼ごはんのときのエピソードです。ようたくんが、お茶碗を持ちながら「先生、あつまれ〜して」（ごはん粒を一箇所に集めてほしい）と言ってきたので、「いいけど、ようたくんは上手だから自分でもやってごらん」と言ったら、ごはん粒にむかって「あつまれ〜！」と言ったあと「ダメだった」って（笑）。どうやら自分で集める気はなく、やっぱり僕にやってほしいとのことでした。

じつは、なんでも人にやってもらいたがりのようたくん。それも**大人に甘えたいというよりも、誰かにお世話をしてもらいたいという不思議っ子！** 自分の世話をしてくれるなら誰でもいいみたいなんです。

先日も、お友だちに「靴下はかせて」「ズボンはかせて」と頼んでいましたし、お片づけも自分でやらなくて「〇〇くん、片づけて」って。

やりたくないとはちょっと違うんです。人にやってもらうのがうれしいのかもしれません。面白いのはお友だちにお片づけしてもらうときも、彼はちゃんとその場にいること。遊んでいたおもちゃをお友だちが片づけるのを見ています。ふつうは「じゃあボク、次の遊びに行くよ」っていなくなるものですけどね。

scene 08

バイバイ

お昼寝の時間――

寝る前に、「せんせい、また あとでね～」と

さくらちゃん（4歳）。

先生「ん？ おやすみじゃないの？」

さくら「ねちゃうから
バイバイ でしょ。
だから また あとでね なの」

面白い考え方！

また後でね！

子どもの言葉づかいって、一人ひとり違います。子ども言葉と大人言葉が入り混じり、言い間違いも多い。でも、そこが可愛いんですけど。

そのなかでも、さくらちゃんの言葉づかいは、おませというか、独特です。「寝る」というのは「違うところに行く」と感じているのかもしれません。だから、「おやすみ」ではなく、「バイバイ」。トイレに行くときも、「おトイレ行ってくるね、バイバーイ」って言いますから。**「その場を離れる＝しばらく会えなくなる」という感覚**なんでしょうね。

さくらちゃんは、大人っぽい言葉をつかうのが好きな子で、登園してくるときふつうは「おはよう」ですけど、この子は「お疲れ様で～す！」って入ってきます。給食を配膳すると「いつもありがとう！」ってお礼を言ってくれます。**帰るときも「さようなら」ではなく、「お疲れ様～」と言って帰っていきます。**お友だちとすれ違ったりするときも「お疲れ～」って言ったり（笑）。この「お疲れ様」は、保護者たちがあいさつのときよく言う言葉。お迎え時の保護者同士は「お疲れ様です」ってあいさつします。それを真似しているんですね。

scene 09

張り切ってる

つばさくん（3歳）が「トイレいきたい」

と言うので付き添おうと思ったら、

つばさ「ひとりでいける！」

先生「そう？ じゃあ、いってらっしゃい」

見送るふりをして、トイレの近くに隠れていたら、

つばさ「おにいちゃんは ひとりで
トイレできる！」（独り言）

もうすぐ弟が生まれるつばさくん。

張り切ってる！

弟が生まれるのを、「いまか、いまか」と待ち焦がれているつばさくん。遊び時間にも、「赤ちゃんが生まれたら一緒に遊ぶから、紙飛行機を作る！」と楽しそうに紙飛行機を作っていました。生まれても、すぐには遊べないと思いますけど……（笑）。

また、お絵描きの時間で、今までは、パパ、ママ、自分（つばさくん）の三人の絵を描いていたのが、最近では、そこに赤ちゃんを描くようになりました。待ち遠しいのでしょう。お迎えのときもママの大きなお腹にチューして、お腹の赤ちゃんに「おかえり！」って叫んでいましたから。

ぽいんと

保育園には0～5歳児までいますので、下の子のイメージが湧《わ》きやすい環境です。とくに女の子は、「弟（妹）がほしい」「赤ちゃんほしい」って言いますね。「クリスマスプレゼントに何がほしい？」と聞くと、「赤ちゃん！」って答えがよく返ってきます（笑）。男の子は、赤ちゃんが生まれて一緒に遊びたいと思うようです。何をして遊ぶかを想像しながらワクワクしているんだと思います。

scene 10

おふざけ

たくやくん（5歳）が「おみくじ つくった！」と半分に折った紙をいくつか持ってきた。

先 生「先生も引いていい？」
たくや「せんせいは これ！」

強制的にひとつ渡されて、「せーの！」で開いたら、『○』『×』とあるなか僕のだけ『うんち』と書いてあった…。

先生許さないぞ！

たくやくんはちょっとおふざけが好きなムードメーカー。朝登園してくるときも「みんな〜、ボク、きました！」とハイテンションです。「面白そう」と思ったら、積極的にどんどんやるタイプの子で、みんなでお遊《ゆう》戯《ぎ》するときも、まず最初におふざけします。「お馬さんのポーズ」などでも全然関係ない格好をしたり……。もちろん悪気があってやっているわけではなく、「ボク、おもしろいでしょ！」みたいな感じですね。

でも、たまによろしくないおふざけもしちゃいます。サッカーをしているとき、わざと反対方向へボールを持って行ったことがありました。本人は面白いと思ってやったことですが、お友だちからのウケは最悪。そういう雰囲気を察したのか、少しへこんでいたのが可愛かったなぁ。遊びから学んでいますね。

ぽいんと

どうして子どもは「うんち」が好きなのでしょう？　その答えは、大人が過度に反応するからだと思います。子どもが「うんち」って言うと、「え？」って驚いたり、笑ったり、怒ったりするじゃないですか。大人がふだん見せない表情を見せてくれるのが楽しいようですね。

scene 11

アイドル

しおりちゃん（5歳）が動物の図鑑を見ながら…

しおり「せんせ～い！」

先生「どうした～？」

しおり「この どうぶつたち ゆうめい なの？」

先生「そうだね！ 有名な動物だよ」

しおり「だから しゃしんしゅうに
でれたんだね！」

さては、アイドルか何かだと思ってるな？
それは図鑑です。

アイドルを目指してるしおりちゃんは歌やダンスが大好き。ふだんから即《そっ》興《きょう》ライブを開催しています。先生も子どもたちも前に座らされて、しおりちゃんのオンステージが始まります（笑）。朝の会で、みんなで歌を歌うときにも、「今日はわたし一人で歌っていい？」って言ったりします。本当に人前で歌うのが好きなんでしょうね。

しおりちゃんはアイドルを目指していますから、アイドル事情に詳しいんです。乃木坂46や欅《けやき》坂46のメンバーで、僕も知らない名前が出てきたりします。音楽にも興味がありますから、ミュージシャンもよく知っています。じつは、**僕が米津玄師《よねづけんし》さんという存在を知ったもこの子のおかげ。ある日、「先生、米津玄師って知ってる？」って聞かれて、「知らないけど……」と答えると、米津玄師さんの曲を歌って教えてくれました。**

「写真集」という言葉も当然知っています。写真を撮るときなどは、みんながふつうにピースなどしてるなか、しおりちゃんだけはアイドルっぽいポーズをします。「**こうやると足が長く見えるんだよ**」なんて、可愛らしいですね。

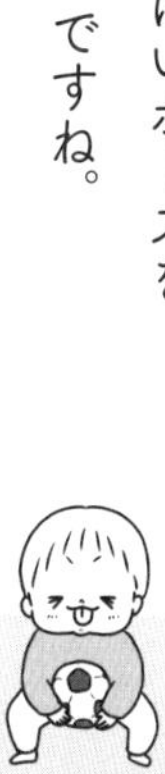

scene 12

げんき！

お部屋で遊んでいるとき――

たいちくん（3歳）が

「これ あげます！」とお友だちに

何かを配っていた。

先生「先生にもください！」

たいち「はい！ どうぞ～！」

でも、渡すふりだけでモノは何もない…

先生「何をくれたの？」

たいち「げんき！」

もう、最高!!

店員さんごっこをするのが好きなたいちくん。いつもおままごと用の目玉焼きやナスのおもちゃを抱えて店員さんごっこをしています。でも、あまりお店の仕組みがちゃんとはわかってないようで、ぜんぶタダであげちゃいます。**「コレください！」と言われたら「どうぞ！」って。お店屋さんはモノを配っているところだと思っているのかも。**

映画のチケットを折り紙で作って配ったり、おもちゃを作ってお友だちにあげたりと、自分で作ったものを人にあげることも多いですね。お着替えのときなども、自分が着替える前に、お友だちのお洋服を持ってきて「はい、これ〇〇ちゃんの」と渡したりします。でも、これをすると「わたしが自分で持ってきたかった～」とお友だちとトラブルになることもあるのですが……。

園庭や外に出るときも、先生の帽子をとってきて「先生、はい！」ってくれたり、靴を出してくれたり——、とっても気が利く子なんです。

「元気をあげる」という表現も、遊びの延長線上かもしれません。それでも、僕はたいちくんから**本物の「元気！」をもらいましたよ！**

ぼくのすいとう

お散歩《さんぽ》
いこうね～
わい
わい
スッ
その口《くち》
どうした
たぷ～ん
お口《くち》どうしたの？
ごっ…
…くん
おみず
いれたままに
しといたの！
プ～!!
どうして？
のどがかわいたら
ちょっとずつ
のもうとおもって！
ドーー
天才《てんさい》か
水筒《すいとう》
あるけどね…

Chapter.1

Chapter

2

続・ほいくえん大好き!

先生は子どもたちのお手本。といっても、完璧すぎない、子どもに近い存在だから親しまれるのですね。そんな先生を子どもたちはなんでも真似して、手伝ってくれることも。保育園での経験、その一つひとつが大切な宝物です。

Chapter.3

Chapter.4

Chapter.5

Chapter.6

scene 13

ロックンロール

やまとくん（4歳）に
「おんがくのさ、ロック ってしってる？」と
聞かれた。

先生「ロック？ 知ってるよ！
やまとくん、よく知ってるね～」
やまと「ぼく ロック うたうのも
できるよ？」（自慢気）
先生「歌ってみて！」
やまと「でんでん むしむし かたつむり～♪」

その歌って、ロックだったんだ。

お歌の時間が大好きなやまとくん。いつも大きな声で、童謡の「チューリップ」や「とんぼのめがね」などを歌っています。音楽好きのご家庭らしく、J-POPから、ロックやヘビメタまで、お家やクルマのなかでいろいろ聞いているようです。

でも、やまとくんは曲名を詳しく知ってるわけではなく、ジャンルだけよく覚えているんですね。「先生J-POPって知ってる?」「サンバって知ってる?」とか、よく聞かれます。それで「J-POPってどういう歌があるの?」と聞くと「知らな~い」、「サンバってどんなやつ?」と聞くと「わかんな~い」って(笑)。ロックという言葉はわかっているけど何がロックかはわからない。だから、ロックなのに、『でんでんむし』を歌っちゃったんでしょうね。

ぽいんと

0~2歳だとまだきちんとお話できないし、お話ができる年齢になっても、うまく自己表現ができない……。子どもたちは、自分の気持ちをきちんと表現できない葛藤から泣くのです。歌はそういったことにとらわれないので、子どもたちは歌うのが好きなのかもしれませんね。

scene 14

プレゼント

みさきちゃん（5歳）が

プレゼントをくれるという——

みさき「せんせいに プレゼント！」

先生「何くれるの？」

みさき「たまてばこ！」

「おじいさんにされるな」と思いながら…

先生「ありがとう！」

みさき「ぼーん！ わかくなりました！」

あと300個くらいちょうだい！

年長さんになるとお話の改変ができるようになります。とくに、みさきちゃんはオリジナルのストーリーをつくるのが上手な子。このときも、僕には「若くなる箱」をくれたのですが、女の子のお友だちには「きれいになる箱」、男の子には「かっこよくなる箱」「早く走れる箱」など、ドラえもんのひみつ道具のように、その子にあった箱をあげていました。僕以外の先生にも玉手箱をあげていて、いちばん笑ったのは園長先生に「くさい箱」をあげたこと!! 開けるとただくさいだけの箱でした。

シンデレラのお話をしているときも、「ガラスの靴だけじゃなくて、ピアスやネックレスは?」と、いろいろつけ足したり……。そこからさらに遊びが広がって、実際にビーズでネックレスを作って、ママにプレゼントしていました。

ぽいんと

プレゼントに近い、子どもなりのおもてなし。電車のおもちゃで遊んでいるとき、「先生、一番格好いいコレ使っていいよ」って、今まで使っていたお気に入りの電車を僕に貸してくれる子がいます。その子にとっての「宝物」を貸してくれる——、そのおもてなしにキュンとしちゃいます。

scene 15

英会話

けんたくん（5歳）との会話――

けんた「せんせい、がいこくのひと みんな すごいよね！」

先生「どうしてそう思ったの？」

けんた「だって みんな えいご しゃべれるんだよ！ こどもも！ ぼく しゃべれないよ！」

日本語しゃべれる

キミもすごいぞ！

けんたくんは外国にとても興味があります。だから、国旗当てクイズも大好き。国旗のイラストを見て、「イタリア」「ブラジル」「エジプト」「インド」「オーストラリア」などすぐに答えられるんです。

好きが高じて、けんたくんは英会話教室に通い始めました。英語は学ぶもの、外国人も勉強して英語を覚えたと思っているんでしょう。だから、「外国の人はみんなすごいよね！　だって、みんな英語がしゃべれるんだよ。子どもも英語がしゃべれるんだよ！　ボクしゃべれないよ！」って言ったんですね。

僕たち大人は外国人が英語をしゃべっても「すごい」とは思いませんよね。母国語だから、しゃべれて当然だとわかっています。でも、**子どもの感覚では、英語をしゃべれるのは、純粋にすごいこと**なんだと思う。けんたくんには、英語をしゃべれる人が「すごい」っていうリスペクトがあるんです。

でも、僕はけんたくんこそ「すごい」と思います。日本語をきちんと話せているということはもちろんですが、「英語をしゃべれてすごいな」という気持ちから、「自分もしゃべりたい」と思い、実際に英語の勉強をしているのですから。

scene

16

雨ふったかな

園庭で――

りゅうくん（3歳）がバケツにためた水を

手ですくって上に放っていた。

先生「楽しそうだね！」

りゅう「あめ ふらしてるの」

先生「本当だ、雨みたい！」

りゅう「おそらに あめ ふったかな？」

すごい発想だ！

以前、「神様が雨を降らしてくれている」というお話をしたことがあったんです。それをりゅうくんは覚えていたのでしょう。だから、「神様が空から雨を降らせるなら、こっちから空に（神様のところへ）雨を降らすこともできる！」と考えたのだと思います。
雲の中で水の粒がくっついて、重くなると雨になって地上に落ちてくる――それが常識かもしれませんが、子どもは「神様が雨を降らせてくれている」というお話を聞くと、素直に「そうなんだ！」と受け入れるんですね。でもそこから、「反対に、こちらから雨を降らそう」という発想は秀逸《しゅういつ》でした！

ぽいんと

子どもって、こちらがなにかお話をするとすごくリアルなイメージをもつようです。先日、子どもたちと世界地図を見ていたとき、「地図で見ると平べったいけど、地球ってまん丸で日本の裏側にも人がたくさん住んでるんだよ」という話をしました。すると、そのあとの園庭でのお遊びの時間に、子どもたちが地面に向かって「わーっ！」って叫びだしたんです（笑）。日本の裏側の人たちに聞こえるかためしてみたかったみたいです。

scene 17

できないよ

たくみくん(3歳)とお風呂の話——

たくみ「おっきくなったら、
ひとりで おふろ はいるんだって!
じぶんで かみのけ あらうんだよ!
ぼく できないよ…」

先生「そんなことない、たくみくんなら
絶対できるようになるよ!」

たくみ「ほんと? せんせいも
できるようになるよ!
がんばってね!」

先生はできてるよ!

早く大きくなって、いろんなことを自分でしたいと思っているたくみくん。大きくなることにとても期待感があって、「大きくなったら、自分で髪の毛を洗いたい」というものから、「大きくなったら、新幹線の運転手さんになりたい」という夢まで、たくさん僕に話してくれます。

その一方で、「**いまはまだ自分でできないことがいっぱいある**」ということも自覚していて、「靴が履けない」「着替えがうまくできない」などで自信が持てないから「ボク、できないよ……」って言っちゃうんですね。

また、たくみくんはなぜか僕が一人暮らしをしていることをすごく心配に思ってくれていて、「ごはんは一人で食べてるの？」「誰か作ってくれるの？」など、いろいろ聞いてくるんです（笑）。でも、「ごはんは一人で食べてるし、誰も作ってくれないから先生が作ったり、外で食べたりしているんだよ」と答えると、「ボク、そんなのできない……」って、自信なさげ。

大きくなることはすごく楽しみだけど、大きくなって一人でいろいろできるかというと「できない……」と言う、そのジレンマが子どもらしいですね。

scene 18

大好きだけど

帰り待ちの時間——

突然、かずきくん（5歳）が話しかけてきた。

かずき「せんせい、ママにきいてよ！」

先生「えっ、何を？」

かずき「クリスマスプレゼントも おとしだまも
いいこ だったから もらったのに、
つぎは チョコ もらうには
いいこ じゃないと ダメなんだって！
いつまで いいこなの!?」

それはずるいな、聞いておこう。

とってもママが好きなのに、いつもママともめているかずきくん。ママとの言い合いが日課（!?）なのか、毎朝クチゲンカしながら登園してきます（笑）。別の日も、「なにケンカしてたの？」と聞くと、「ボクはあのお洋服がいいって言ったのに、ママはこれにしろって！」とおかんむり。

その前は、かずきくんが保育園に行くのを嫌がっていたので、ママが保育園に行かせるために「公園に行ってから、保育園に行こうね」と外に連れ出し、でも公園はスルーして保育園にきたので、「公園に行くって言ったのに～!!」とおかんむり。まあ、このときは、ウソを言って外に連れ出したママが悪かったと思いますけどね。ウソも方便は、子どもには通じませんから！

ぽいんと

年長さんになると、大人の矛盾した行動を指摘するようになります。例えば、ママ友の家に遊びに行ったときなど、「ママはボクたちには静かにしなさいって言うけど、ママたちだっておしゃべりしてるじゃん！」とか、理不尽《りふじん》なところをついてきます。いわゆる「子どもだまし」はもう通用しません。あまり子ども扱いしないほうがいいかもですね。

scene 19

行動確認

園のトイレに入ったとき――
扉の向こうから「せんせい うんち するの？」と
かいくん（3歳）。

先生「するよ～！」
かい「うんち でたら、せんせい よんで
おしり ふいてもらいなねー！」

先生も、先生なんですけど…

かいくんは、僕に限らず先生の行動を逐一《ちくいち》確認したい子です。このときもトイレに入るとすぐ、扉の向こうから「先生、うんちするの?」とかいくんの元気な声が聞こえて、無視するのもなんだかなぁと思い「するよ〜」と答えたら、「うんちでたら、先生を呼んでおしりをふいてもらいなね!」って、おもわず笑ってしまいました。僕も、先生なんですけどね!

ふだんから、かいくんは「何してるの?」って聞いてきます。配膳《はいぜん》しているときは「先生、何してるの?」って聞かれて、「先生はごはんを配っているんだよ」と答えます。靴を履こうとするときも「先生、何してるの?」って聞かれて、「先生は靴を履くんだよ」「どっちの靴履くの?」「こっちの靴だよ」って、ガンガン聞かれます。

すごく面白かったのが、一緒に鬼ごっこをしているときに「**先生、何してるの?**」と聞かれたこと。「**先生はいま鬼だよ**」と答えたら、「**そうなんだ、じゃあボク逃げる**」ですって(笑)。

scene 20

こうしえん

だいきくん（4歳）との会話——

だいき「せんせい、こうしえん って
なにがいるの？」
先生「何がいる？ 甲子園は
野球をするところだよ」
だいき「キリンさんとか おサルさん
やきゅう するの？」

完全に動物園だと
思い込んでる。

甲子園を動物園だと完全に思い込んでいるだいきくんとの会話はとても印象に残っています。「甲子園は野球をするところで、動物はいないよ」と、かなり説明したんですけどなかなか理解してもらえなくて……。「先生、甲子園ってなにがいるの?」「何がいる? 甲子園は野球をするところだよ」「キリンさんとかおサルさんが野球するの?」「いや、キリンさんもおサルさんも野球しないよ」「じゃあ、うさぎさんが野球するの?」「いや、うさぎさんも野球しないよ」「じゃあ〜」と動物の種類が変わってエンドレス……。なんか漫才みたいになってきて、まわりにいる先生たちも大爆笑! だいきくんがボケ担当で、僕がツッコミ担当、でもオチがない(笑)。チグハグな会話でしたけど、楽しかったなぁ。

ぽいんと

動物園で本物の動物を見るのもおすすめです。子どもは広く浅くより、ひとつ深くのほうが好きなので、全部見せようと思う必要はありません。その子が興味を持った動物(例えばキリンならキリンだけ)をじっくり観察するだけで子どもは大満足。そのあと図鑑などで特徴や生態などを一緒に調べるといいですね。

scene

21

お誕生日

ゆいちゃん（5歳）とお誕生日の話——

ゆい「あーあ、まいにち おたんじょうび
だったら いいのにな」

先生「毎日プレゼントもらえるし、
美味しいものも食べられるから？」

ゆい「ちがうよ！ まいにち
おたんじょうび だったら、すぐ
おとなに なれるじゃん！」

じゃあ、先生は

10年に1回くらいのお誕生日がいいや。

子どもは、大人になると「自由にできることが多い」と思っています。ふだんから「ママはずっとスマホを見てるのに、わたしがちょっとスマホを見ただけで怒られる」「パパはずっとテレビ見てても怒られないのに、わたしがずっと見てると怒られる」など理不尽な（!?）怒られ方もしているので、なおさらそう思うのでしょうね。ゆいちゃんの場合は、お買い物がしたいようです。大人になると自由にお買い物ができるから、早く大人になりたいんですね。

あと、ゆいちゃんは大人の洋服を着たいという想いもある子です。**「子どもの服はさ、ぜんぜん可愛いのがないんだよね」**と言ったり（笑）。大人の女の人の服が可愛いからと、ママと同じデザインの大人っぽい服をよく着ています。**お着替えのときには、「これとこれがいい」「これはダメ」と自分でコーディネート**します。僕も、ゆいちゃんに注意されたことがあります。上着がピンクで、ズボンもピンクの服を渡したら、「それじゃあ全部ピンクになっちゃうじゃん！下は黒いのがいい！」ですって。さすがです！

scene 22

じてんしゃ

ひろとくん（5歳）との会話――

ひろと「せんせい！
ぼく タイヤなくても じてんしゃ
のれるようになった！」

先 生「すごい！ 練習したからだね！」

ひろと「もうどこでもいける！
にちようび
アメリカ いきたい！」

いいね！ 自転車でどこまでも
行けちゃう気がする、その感じ！

自転車がやっと乗れるようになったと大喜びのひろとくん。じつは、自転車をずっと練習していたんですけどなかなか乗れるようにならなくて、「先生、どうやったら自転車乗れるようになるの？」とよく聞かれました。「先生の場合は、パパとかママが後ろを押さえてくれて乗れるようになったよ」と答えたら、「うちのパパは手伝ってくれるって言ってたのに、ぜんぜんやってくれない」ってとグチをこぼしていましたね（笑）。

だから、**乗れるようになってすぐ僕に報告してくれました。**「先生！　僕タイヤなしでも自転車に乗れるようになった！」（補助輪なしという意味）、「もうどこへでも行ける！　日曜日、アメリカへ行きたい！」と本気顔！

同じクラスの子たちにも、「**ボクさ、自転車乗れるようになった**」と、ずっと自慢していました。よほどうれしかったんでしょう。でも、お迎えに来たママによくよく聞いたら、ペダルに足を乗せて3回ぐらい漕《こ》げただけなようで……。

それでも子どもにとってはすごい進歩です。すぐに、もっと乗れるようになるよ！

scene 23

おじいちゃんち

きよしくん（4歳）がお客さんを集めていた…

きよし「おふろやさん でーす！
いろんな おふろ ありますよー！」
先生「入りたいです！
どんなお風呂があるんですか？
露天風呂とか？」
きよし「ぼくんちの おふろか、
おじいちゃんちの おふろ！」

そういうお風呂の種類かい！

きよしくんは、おじいちゃんのことが大好き。いわゆる「おじいちゃん子」です。おじいちゃんは少し離れたところに住んでいて、定期的に遊びに行っているようです。そのおじいちゃん家《ち》のお風呂がすごく大きいらしくて、きよしくんのお気に入り。「先生もボクのおじいちゃんちのお風呂入りたい？」って誘われました（笑）。

おじいちゃんもきよしくんに甘いようです。朝早く起きておじいちゃんと一緒にお散歩に行くと、帰りにコンビニでお菓子を買ってもらえるみたい。それはパパとママには内緒だっておじいちゃんに口止めされていますが、本人はすぐにしゃべってしまうので、ふたりともママに怒られてしまうんですって。

ぽいんと

親は責任がありますから、やはり子どもには厳しくしますよね。でも、おじいちゃんやおばあちゃんはどうしても孫には甘くなります。どのご家庭も、この問題で悩んでいるようです。親として怒るのはもっともですが、子どもにとって、なんでも許容《きょよう》してくれる存在が一人くらいいてもいいと思いますね。何があっても味方でいてくれるような。

scene 24

連絡帳

さらちゃん（3歳）が

サンリオにハマっているらしい…

さら「せんせい、キティちゃん すき？」

先生「うん！ 好きだよ！」

さら「さらはね、

ぺろぺろけろっぴが すき！」

けろけろけろっぴ、ですよ！

通常、保護者からの連絡帳は3～5行くらいで書かれていることが多いのですが、さらちゃんのママは細かくびっしり書いてくれます。それを読んで、さらちゃんとコミニケーションをとることがよくあります。彼女自身も「ママ、今日なに書いてた？」って聞いてきたり、「『パパと一緒にサンリオへ行った』ってママが書いてたよ」って教えてくれたり。連絡帳の話題で、さらちゃんとよくお話しします。

僕も返信の連絡帳を書くんですけど、さらちゃんは「今日ママに○○って書いて」とか「今日、ごはんいっぱい食べましたよって書いてね」とアドバイスをくれます。ママのように、書いて伝えるのが好きなのかもしれませんね。

ぽいんと

保育園の連絡帳に何を書けばいいのか、お悩みの方も多いですが、無理に書く必要はありません。先生と共有したいものがあれば書いてもらって、書くことがなければ「今日は問題なし」でもいいと思います。究極だったのは、何も問題がないときには記入欄に「○」だけ書いていたママですね。口頭でのコミュニケーションがとれれば問題ないと思っています。

子どもの「困った！」を解決する——ほいくえんであみ出した、とっておきの裏ワザ

「ニンジン嫌い」の克服法

4歳児クラス担任のとき、半分ほどの子が「ニンジン嫌い」でした。考え抜いた秘策がこちらです。午前中に、「伝説のニンジンが手に入った！」と、ハイテンションで土のついた普通のニンジンを子どもたちと観察します。すると…給食中、「これ伝説のニンジン!?」「僕のは!?」と大盛り上がりで、全員完食しました。

「ごはん」への誘導術

子どもに「ごはんだよ～」と言っても乗り気でないときの対処法です。紙の切れ端でも何でも良いので、その日のメニューをサッと書いて、「ごはんのチケットです！これを渡すとごはんが出てきます！」と言うと、びっくりするほど喜んで椅子に座ってくれます。困ったときはお試しあれ。

Chapter

3

ママ・パパ大好き！

いつもがんばってるママやパパのこと、離れていても子どもたちは気にかけています。「ごはんたべてるかな」「きょうもパソコンしてるかな」怒られたり、理不尽なことがあっても、やっぱりママやパパが大好きなんです！

scene 25

リスペクト

ちょっと小走りでママと登園してきた
そうたくん（5歳）——

そうた「でんしゃ こんでた！」
先生「大変だったね！」
そうた「たいへん だけど、また でんしゃ
こんで ほしい」
先生「どうして？」
そうた「ママが ギュッって
まもってくれるから…」

うれしかったんだろうなぁ。
先生までうれしい！

満員電車で登園してきたそうたくんの「ママがギュッって守ってくれるから……」といううれしそうな一言で、朝からほっこりした気分になりました。やっぱり子どもって、ママが大好きですね。

そうたくんの場合は、「ママはすごい！」「ママが好き！」を通り越して、ママを〝リスペクト〟していますす。「ママはすごい！」が口ぐせです。ママが作ってくれる料理も「こんなのも作れるし、あんなのも作れるんだよ」「洗濯物もきれいにたためるんだ」というように、どれだけママがすごいのか教えてくれるんです。ママのことをよく見て、どれだけすごいのか考えているということ。やってもらうだけではなく、そこに感謝と敬意があるのが素敵です。

ぽいんと

満員電車と言えば、しばしばグズる子どもが問題になりますが、仕方がないことですよね。だって子どもは泣くものですから。電車に何十分も乗っていたら、グズって当然です。(賛否ありますが) 僕はスマホを活用するのもいいと思います。絵本も読めるし、動画も見れる、お絵描きもできてすごく便利。かばんにアレコレ入っていたおもちゃがスマホ1台で済むと思えば気が楽ですよね。

scene 26

同じ気持ち

お昼ごはん中――

ママのことを考えているれいじくん（3歳）。

れいじ「ねぇ せんせい、ママも ごはん
たべてるかな？」

先生「うん！ ママも食べてると思うよ」

れいじ「おいしいやつ？」

先生「きっと美味しいごはんだよ！」

れいじ「そっか、ママも おいしいの
たべてて よかった！」

きっとママも同じ気持ち！

人一倍ママ思いのれいじくん。朝、保育園に着いてママがお仕事に行こうとすると、「今日はなにするの?」って必ず聞きます。ママのお仕事は事務作業で、基本ずっとパソコンを打っているらしく「パソコンだよ」と答えると、「今日もパソコンなの?」って、同じことを毎日聞くんです（笑）。お昼寝の時間も「ママ、いまお昼寝するの?」って聞かれます。

子どもたちも時間のリズムが身についているので、お迎えの時間がわかってそわそわすることもあります。れいじくんもお友だちのママが迎えに来たりすると「ボクのママ、いま電車乗ってるかな～」って。いつもママのことを思っているんですね。

ぽいんと

友だち親子って、否定的に言う人もいますが、僕は悪くないと思っています。親は子どもにとってよき理解者であること。子どもにとって何の気兼《が》ねもなく、自分が思ったことや感じたことを話せる相手であることが大切ではないでしょうか。

scene 27

うれし涙

育休中のあかりちゃん（6歳）パパと

立ち話をしていると——

パ パ 「仕事、大丈夫かなって思うときが
あるんですよね～」

先生 「そうですか…」

あかり 「パパの いまの おしごとは
パパ でしょ！
おしごと がんばってね！」

あかりちゃんのパパ、

ちょっと涙ぐんでた。

下の子を抱えながらあかりちゃんと登園してきた育休中のパパが「仕事、大丈夫かなって思うときがあるんですよね〜」と言われたので、少し立ち話をしていました。するとあかりちゃんが「パパの今のお仕事はパパでしょ！　お仕事がんばってね！」ってパパを励《はげ》ましたのです。それを聞いたパパは涙ぐんでいましたね。

「この子は、小学生？」と思うくらい、あかりちゃんはお姉さん。泣いている年少の子を見つけると、すぐ駆け寄ってなぐさめます。なぐさめてもダメなときは、その子の担任のところに連れて行きます。「先生！　この子泣いてるよ。見てあげて」って。ほんとうに面倒見がいい子なんですよ。

ぽいんと

でも、あかりちゃんのパパはまだまだ少数派。日本ではママが育児休業をとる率が圧倒的に高いのです。2017年の育休取得率は、ママが83・2％、パパが5・14％（雇用均等基本調査より）でした。もっと、パパも育休をとりやすい社会になるといいですね。

scene

28

将来の夢

ここはちゃん（4歳）の夢——

ここは「おっきくなったら
ケーキやさんになりたい！」

先生「いいねー！
先生もケーキ屋さんになって
いっぱい食べたいな～！」

ここは「ママがね、
ケーキ たべるとき うれしそうなの。
だから ケーキやさんに なりたい！」

先生もそういう理由に
変えていい？

これは、ここはちゃんに一本取られました！　ママのうれしい顔が見たいから、ケーキ屋さんになりたいなんて、素敵な理由ですよね。

ここはちゃんは、ママの好きなものや興味があるものに将来なりたいと思っているので、将来の夢がそのときどきで変わります。「歌手になりたい」という時期もありました。

このエピソードをここはちゃんのママに話したら、「じゃあ、私が『お医者さんかっこいい』って言ったら、この子お医者さんを目指してくれるのかしら」って（笑）。でも、ママが本気でうれしがっているのか、ウソをついているのか、ここはちゃんは見抜くと思うなぁ。

ぽいんと

親御さんは子どもに自分の仕事の話をしてみてはいかがでしょうか。子どもにはわかりにくい職種や業務内容でも、例えば、「パパの会社は新橋にあって、営業という仕事をしているんだよ」などと伝えてあげてください。子どもはパパやママがどんな仕事をしているのか、会社はどこにあるのか、意外と興味があるんですよ。

scene 29

ママがふいて〜

とおるくん（3歳）が大泣きしながら

ママと一緒に登園——

とおる「やだ！　じぶんで

やりたかったぁぁぁ!!」

（どうやら、お支度のことらしい…）

とおる「なんでも じぶんで できるのに〜！」

先生「そう、えらいね！」

（でも、次の瞬間、鼻水が垂れてきたら…）

とおる「ママが ふいてぇぇぇ!!」

とおるくんのママも吹き出して笑ってた。

「自分でできる！」と思っても、「やっぱりできないからやって！」と大泣きしてしまうとおるくん。「なんでも自分でできるのに～！」のすぐあとに、「ママがふいて～!!」には思わず笑ってしまいました。

お着替えなども、「自分でやる」と言うので任せると、首は突っ込めるけど、腕は通せない。だからといって、最初からすべて手伝ってしまうと、「自分でやりたかった～！」となっちゃいます。とおるくんがひととおりがんばってみたあとで、「やって！」となるのを待つことが得策。でも、どうしても時間がないときはそれでは困るので、最初に「首までは自分でやってね。腕を通すのは先生が手伝ってもいい？」と確認を取っておきます。

また、とおるくんは、ゴムがついている帽子をかぶるとき、「**帽子かぶるのは自分でやるから、ゴムは先生かけてね**」って言います。「なんで？」と聞いたら、自分でかぶるとたまに失敗して、**顔にパチンってなるから**だそう（笑）。大人にはわからない細かいところが子どもは気になるんですよね。

scene

30

パパとママの絵

あおいちゃん（5歳）が

「パパとママ かいた！」と画用紙の絵を

持ってきた——

（動物の耳とヒゲのようなものが

顔についていたので…）

先生「パパとママが動物になった絵？」

あおい「スノーの パパとママ！」

一瞬、何を言ってるんだろう？

となったけど、写真アプリのSNOWだった。

絵も盛る時代なんだね。

手先が器用なあおいちゃんは、画用紙やダンボールの切れ端を使ってスマホも手作り。お友だちの分も作ってあげて「電話しよう」「写真撮ろう」と楽しそうに遊んでいます。

このときは、手作りスマホで写真を撮る遊びをしたあと、撮ったものを絵にしてみることに。もちろん実際に撮ったわけではありませんが、「ＳＮＯＷで撮ったからママもっと可愛くしてあげる」と、あおいちゃんは盛った絵を描いていました。ママたちは〝きれいに撮れるアプリ〟を使うので、子どもの遊びでもそれが出ますね。

ぽいんと

カメラというと、大人は〝一眼レフ〟や〝写ルンです〟などを想像すると思いますが、いまの子どもたちは違います。カメラというとスマホです。工作で「カメラ作るね」と言って、スマホを作る時代です。おままごとをするときも「お買い物行くね」ではなくて、やっぱりスマホで買います。「まだ、お野菜来ないな〜」「まだ、ティッシュ来ないな〜」とネット通販なんですよ。

scene 31

思いやり

朝、登園してきたゆかちゃん（4歳）が

ママとバイバイして少したってから…

ゆか「せんせい！　ママに いうの
わすれてた!!」

先生「何を？　間に合うかな!?」

一緒に玄関まで行くと、

ちょうど出るところだったママに、

ゆか「ママ！　クルマに
きをつけてね！」

優しいけど笑った。

保育園に着くとみんな靴下を脱いで裸足になるんですけど、ゆかちゃんは「先生！ ママに言うの忘れてた！」と言って、裸足のまま玄関に走っていって、大声で「ママ！ クルマに気をつけてね」って叫んでいました。ママも笑いながら出かけていきました――。毎朝、ママに「お友だちと仲良く遊んでね」と言われて、そのあとにゆかちゃんがママに「いってらっしゃい」って言うルーティンがあるんですけど、この日からはそれに「クルマに気をつけてね！」がプラス。いつも自分が言われているから思いついたんでしょうね。

ぽいんと

どうしたら思いやりの心は育まれるのでしょうか？ 例えば、お手伝いをしてくれたときに、「えらいね」「よくできたね」と言うだけでは足りないと思っています。そういう評価だけでは、達成感はあるけれど「次もまたやりたい」にはつながらないのです。「今ママがテレビをゆっくり見れるのは、○○くんが手伝ってくれたからだよ。ありがとう」というように、大人が抱いた感情と、子どもにしてもらったことでこうなったということをきちんと伝えるといいと思います。

scene 32

家族サービス

はなちゃん（5歳）との会話——

はな「おやすみ たのしみ！」

先生「どこか行くの？」

はな「ううん！ パパと あそんで
あげられるから！」

先生「そっか、パパうれしいだろうね！」

はな「なかなか パパと あそんで
あげられないからね～」

子どもの家族サービス！

パパとはなちゃんの立場が逆転しているのか、はなちゃんはパパを弱き者として守ってあげるという感覚があるみたい。「なかなかパパと遊んであげられないからね〜」って、**パパを完全に子ども扱い**しています（笑）。「パパがこないだ○○できなくて困ってたから手伝ってあげた」「パパのお洋服選んであげた」「パパが携帯なくしたって言ったから見つけてあげた」……、**パパのことが好きだから、なんとかしてあげたい**んですね。

面白いなあと思うのは、はなちゃんが「母の日」より「父の日」のほうにすごく頑張ったものを作ったこと。似顔絵も、ママの絵もしっかり描きますが、パパの絵を描くときのほうがすごく時間をかけて描いています。一生懸命に描きすぎて、顔の周りにキラキラの飾りがいっぱいあったりして、パパの顔よりもそっちのほうが目立っちゃったりしますけど（笑）。家族の絵を描くときも、パパをすごく大きく描いていて「どうして？」と聞いたら、「パパがよろこぶから！」ですって！

scene 33

なんさい？

先生たちに「なんさい？」と
聞いて回り始めたたつきくん（4歳）。
現場にウソと動揺が生まれて——
結果、本当の年齢を聞き出した彼が一言。

たつき「ぼくのママ…18さい
じゃないかも…」

“永遠の10代”という
ウソはバレてるかも！

「うちのママ18歳なんだよ」と言っても、まわりの先生たちが「え〜!! ママ若いんだねー」と大人の対応をしていましたから、たつきくんはずっと「ママは18歳」だと信じていたんです。でも今回、先生たちの年齢を聞いていくと「30歳」「35歳」「40歳」……、「なんで、ボクのママは18歳?」って、彼はとうとう疑問に思ってしまいました。

可愛いのは、30歳と聞いてもたつきくんはすぐには「18より30のほうが大きい」とわからないこと。「イチ・ニ・サン・シ・ゴ……」と数えていって、「まだ、30が出てこない!」って(笑)。たつきくんのママ、もう10代は無理かもです!

ぽいんと

あるとき、ママたちが「私は16歳」「私は17歳」「私は18歳」とウソで答えるなか、一人のママが「私は32歳」と、本当の年齢を言ったことがありました。ところが、そのママの子は「うちのママが一番大きい!」と喜んで、他の子も「○○くんのママが一番強い!」と大盛り上がり。ママにとっては小さい(少ない)ほうがうれしいけど、子どもたちは大きいほうがうれしいようですよ(笑)。

scene 34

パパのまね

おままごと中——

お友だちが「あそぼうよー！」と言うのに対して、

まさしくん（5歳）が笑いながら

「もうすこし〜」

「もうすこし だってば〜」

と座り続けていたので、

先生 「何してるの？」

まさし 「トイレに はいってる パパのまね」

僕の父親もそんなときあったわ！

この子は本当にパパの真似《まね》をよくしています。おままごとでクルマに乗って出かける場面では、まさしくんはパパが乗っているクルマの車種をちゃんと言って、パパが運転している真似をします。まさしくんのパパってジェントルマンなんだろうなぁと思うのが、「クルマが止まるよ〜」と言うときに、彼は助手席のお友だちを手で押さえるんです。「何してるの？」と聞くと、「**パパがいつもこうやって、ゆれないように守ってくれんだよ**」ですって。

ただ、パパの悪いところも真似します。まさしくんのパパはきちんと手を洗わないらしく、ママが「ちゃんと手を洗いなさい」と注意しても「**パパがここしか洗ってなかった**」って、パパの真似をして指先しか洗わないみたいです。

大笑いしたのは、おままごとをやっているときに「歯を磨いてくる」と言って、ずっと歯を磨く真似をしながら「おえーっ！」ってやっていたこと。たしかに、歯磨きでそうする人っていますよね。子どもって親のいいところも悪いところもよく見ていて、すぐ真似しますからご注意あれ。

scene 35

りょうおもい

るいくん（5歳）がお迎えにきた

ママを見て――

るい「おかえり！ ねぇ！ ママに
ききたいことが あるんだけど！」

勢いよくママに走り寄ったので、

何を聞くのかと思ったら…

るい「ママとパパさ！ いつ
りょうおもいになったの？」

ねぇ、いつ!? いつ!?

この話をした何日かあとに、「先生！　結婚ってさあ、好きな人とするんでしょう。なんでうちのパパとママは結婚したのかな？」とるいくんに聞かれて、「好きだから結婚したんでしょ」と答えたら、「じゃあなんで、好きな人と結婚したのにあんなに毎日ケンカしてるの？」ですって（笑）。

ママがお迎えにきたときに、「**ママって、パパのこと本当に好き？**」って聞いていました。でも、るいくんのママは笑っているだけで、「パパのこと好きだよ」とは言わない。そうするとよけい心配になるんです。

すると、次の日にも「**先生、ママってさあ、パパのこと好きなのかな？**」とるいくんに聞かれました。とても不安そうだったので、「好きだから結婚したんだと思うよ」ではなく、「パパはママが好きで、ママも好きなんだよ」と言い切ったんです。そして、「パパとママはずっとケンカしてるわけじゃなくて、仲いいときもあるでしょ。るいくんも、お友だちとケンカするときあるけど、嫌いなの？」って聞いたら「嫌いじゃない」、「それと同じだよ」って言ったら、やっと安心してくれました。

scene 36

おかえり！

りくとくん（3歳）のママが
お迎えに来たときのこと——

先生「りくとくんママ、おかえりなさい！」
りくと「せんせい！」
先生「どうした？」
りくと「ママに おかえりって
いってくれて ありがとう！」

こちらこそ！ また明日!!

ママのことをよく観察して、気づかうりくとくん。お迎えに来ると「ママ、今日元気だね」とか、逆に「ママ、今日元気じゃないね」って言ったり。保育士も忙しいので……（あまりよくないことですけど）、お迎えに来たときにすぐに対応できなくて「おかえりなさい」とあいさつはしますがすぐにその場に行けない場合があります。すると、すぐりくとくんに「**先生！ねえ、ママが来てるんだから、ママとお話ししてあげて！**」と注意されます（笑）。

ママがおむつやお着替えを抱えて持ってくると、「**ママの荷物が重くてかわいそうだから、先生持ってあげて！**」と頼まれます。このときは、「りくとくんママ、おかえりなさい！」ときちんとあいさつできて、「先生！ママに『おかえり』って言ってくれてありがとう！」とりくとくんも満足気でした。

ぽいんと

保育士が忙しそうにしていると、気づかって「話したいことがあったけど、今日はやめよう」と考える保護者がいます。そのお気持ちは大変うれしいですが、ぜひお話ししてほしいと思います。担任の保育士が忙しそうなら、主任や園長でも大丈夫です。子育ては、一日一日が大事ですからね。

がんばれるふくろ

せんせん
ふくろ
ちょうだい！
どうぞ
すー…
？
がんばれぇ〜〜っ!!
これ
むすんで
はーい
できた！
これ何《なに》？
あけたら
ママが
がんばれる
ふくろ♡
がんばれ〜
エヘヘ
キュン…
発想《はっそう》が素敵《すてき》すぎて
先生《せんせい》追《お》いつけない…！

Chapter

4

お友だち大好き！

仲良く遊んだり、ケンカしたりしながら成長していく子どもたち。ときにはおもちゃも取り合うけど、譲り合ったり、半分こにしたり、ケンカの仲裁をしたり…と目覚ましい成長っぷり！

どんな姿も微笑ましいですね。

scene 37

ありがとう！

ゆめちゃん（4歳）と
みおちゃん（4歳）の会話――

ゆめ「おかたづけ てつだってくれて
ありがとう！」
みお「どういたしまして！
ありがとうって いってくれて
ありがとう！」
ゆめ「どういたしまして！
みおちゃんも ありがとうって
いってくれて ありがとう！」

聞いてるこっちまで
「ありがとう！」って思った。

この後も、ふたりの「ありがとう！」のやり取りが続きました。「みおちゃん、ありがとう！」「どういたしまして！ ゆめちゃんも、ありがとうって言ってくれてありがとう！」「どういたしまして！ みおちゃんも、ありがとうにありがとうって言ってくれてありがとう！」……。お互い何回言ったかわからないくらい続いて、可笑《おか》しかったです。

そのうち、「どういたしまして」も何もかもなくなって「ありがとう！ ありがとう！ ありがとう！……」、「私はありがとう10回言った」「じゃあ私は20回言った」って、お互いに回数を競うようになっちゃいましたけど。

この子たちはすごく仲良しで、おままごともふたりでします。それもママ友っぽいおままごと。**ふたりともママ役で、それぞれに子どもがいて、でも同じ家に住んでいるという謎の設定！**「私はこれからスーパーに行くんだけどあなたも行く？」「じゃあ私も行こうかな」とか、「あそこのお洋服いいよ、見に行く？」「行く」のように、リアルなセリフが飛びかっています。ちょっとしたドラマを見ているようで面白いです。

scene

38

なんの日？

あるクイズの

みさちゃん（5歳）の大正解——

先生「今日は何の日でしょうか？」

「さむいひ！」「おしょうがつ！」などの

声が飛びかう中、

園児「ホワイトデー！」

先生「正解…」

みさ「3ばいがえしのひ！」

しっかりしていらっしゃる。

日頃から少し大人びているみさちゃんですが、「ホワイトデー」を「3倍返しの日！」とは！　ほんとうにしっかり者ですね。みさちゃんはこういう話をよくママとしているようで、バレンタインデーに「○○くんにチョコレートあげたい」と言うとママが一緒に買いに行ってくれるそうですが、「3倍お返しもらえるんだよ」って、冗談でママが言うらしくて（笑）。

お友だちと結婚式ごっこをしているときも、みさちゃんは「**結婚指輪はお仕事のお金の3倍なんだよ！**」と言ったりします。男の人は女の人に対して、何かしてもらったらそれよりもさらにうれしいことをしてあげるのがよいということが、おままごとのなかでも出てくるのです。

〝レディーファースト〟も知っていました。「女の人と一緒に歩くとき、男の人がクルマが走る側に立たなきゃいけないんだよ」「男の人が重い物は持ってあげるんだよ」など。女性の先生が段ボールを抱えて歩いていたりすると、「**先生が持ってあげたら！**」って、僕もよく注意されています（笑）。〝紳士の嗜《たしな》み〟に厳しいみさちゃんです。

scene 39

かわいい嫉妬心

お迎えに来たあらたくん（4歳）のママが、
「あらたくんのママだ！　おかえりー！」と
先に出迎えてくれたお友だちとハイタッチ。

あらた「ぼくのママ なんだよ！
いちばんで タッチ
したかった～」（号泣）

可愛い可愛い嫉妬心。

お迎えのときの出来事です。あらたくんのママが、「あらたくんのママだ！おかえり〜！」と先に出迎えてくれた子と「ありがとう！」ってハイタッチしてしまいました。すると、「ボクのママなんだよ！　いちばんでタッチしたかった〜」とあらたくんが泣きじゃくり……。ママはお部屋に入るところからやり直ししました。ママが大好きな、可愛い嫉妬心ですね。

ぽいんと

こういうことって、保育園ではしばしば起こります。大人の靴を出したがる子どもも多くて、ママの靴（パパの靴）、先生の靴って出してくれるんです。でも、お友だちのママとお迎えが一緒になったときなど「これ○○くんのママの靴？」って出してしまうと、「ボクが出してあげたかった〜」となってしまいます。

年長さんの場合は、2〜3歳ぐらいの弟（妹）がいると、ママやパパは下の子を迎えに行ってから迎えに来ることになります。すると「ボクが先にちっちゃい子をだっこしてあげたかった〜」と可愛らしくふくれます。

scene 40

大爆発??

冬の朝、ふうたくん（5歳）がお友だちに…

ふうた「みんな！ だいばくはつ だから
きをつけてね！」

園庭へ出るときも、

ふうた「だいばくはつ だから
おようふく いっぱい きてね！」
先生「大爆発ってなに？」
ふうた「すっごい さむいんだよ!!!」

それ大寒波！

パ

パやママとニュースをよく見ているというふうたくん。ニュースで覚えた単語を使いたがるのですが、残念ながら言い間違いが多いのはご愛敬。このときは、「大寒波」と「大爆発」を間違えちゃいました。

以前、ふうたくんが「**マニキュアって大事なんだよね**」と言ったことがあって、「**マニキュア？　ママが塗ってるの？**」と聞くと、「違うよニュースでやってたんだよ。マニキュアを守らないと怒られちゃうんだよ」って？？？

さっぱりわからないので、お迎えのときにふうたくんのママに聞いてみたら、「**おそらく、マニフェストのことだと思いますけど……**」。マニキュアとマニフェストの言い間違いでした（笑）。

ほかにも、世界地図を見ながら、「日本ってこんなにちっちゃいんだよ、知ってた？　アメリカってこんなに大きいのに日本ってこんだけしかないんだよ。この中に僕たちがいるんだよ。すごいね！」と興奮気味に話してくれたこともありました。覚えたことはすぐ話したいみたいですね。

scene

41

ツッコミ

昼食中――

ひろしくん（6歳）が苦手なキノコを

お皿の端に寄せていた。

先生「ひろしくん！　キノコ食べたら
　　　大きくなれるよ～！」

ひろし「マリオかよ！」

この切り返し、才能あるな。

テレビゲームが好きな子はたくさんいますが、ひろしくん家はパパがゲーム好きで、いつも一緒に遊んでいるそうです。「キノコを食べると大きくなる」と知っているのは、マリオゲームをパパとよくしているからですね。

また、ひろしくんは変身ごっこも大好き。それも既存《きそん》のものではなく、オリジナルの変身ヒーローで遊ぶのです。保育園でも紙をつなげて変身ベルトを作ったり、自分で変身ポーズや必殺技などを考えて、他の子たちとよく遊んでいます。そして、作ったベルトを巻いた状態で帰宅していく（笑）。

次の日もベルトをつけて登園してくるので、日々設定が進化していきます。必殺技も増えていって「**ボク、だんだん強くなっている！**」と、1か月単位で同じ設定で遊んでいます。最後のほうは、ベルトもボロボロだからテープで補強しながらですけど。

大人から見ると紙のベルトですが、本人は超お気に入り。「**先生もつけてみる？**」と言って渡してくれるんですけど、とうてい胴回りが足りない……。でも、つけられないとわかると、僕用にわざわざ大きいベルトを作ってくれました！

scene 42

あっちむいてホイ

めいちゃん（5歳）とあっちむいてホイ!?

めい「せんせい！ あっちむいてホイ しよ！」

先生「やる！ いくよー！ ジャーンケン…」

めい「ううん！ ちがうの！
おともだちとやるから、せんせいは
『あっちむいてホイ！』って
いうだけ」

先生も
やりたかったよ。

お

友だちと競争したり、ゲームをしたりすると闘争心がメキメキ高まってくるめいちゃん。それも、公平な勝負を望んでいます。

かけっこのときは、僕がスタートしようと構えると「先生は用意ドンを言う係」、ドッジボールのときは「先生は審判」——。そういう流れの中で、めいちゃんは「先生は『あっち・むいて・ホイ！』って言うだけ」となったんですね。「ジャン・ケン・ポン！」をどっちが言うかも子どもたちにとっては有利不利があるらしくて、自分で言ったほうが有利なんですって。めいちゃんが言うには、「ポン！」と言うのを遅くしたら勝てるからみたいです。たしかに、年長さんになるとわざと後出《あとだ》ししたりしますしね。そういうのもふくめて、先生が平等に審判役をやってほしいということでした。

少し困るのは、めいちゃんがお友だちと「お昼寝、どっちが先に寝られるか」を勝負するときです。「**先生、どっちが先に寝たかちゃんと見といてね**」って言われるのですが、いつも「**同時だったよ**」って言っています（笑）。

scene

43

はんぶんこ

積み木で遊んでいるだいごくん（3歳）——

だいご「せんせい！　〇〇くんが
ツミキ かしてって！
ぼく かしてあげたい！」

先生「とっても優しいねー！」

だいご「うん！
だから これ はんぶんこに
して！」

先生のことどれだけ力持ちだと
思ってるんだ！

以前、だいごくんとお友だちで「いま先生が手に持っている紙がほしい」「ボクもそれがほしい」となったことがあります。ふたりとも〝僕が手に持っている紙〟がほしいので、他の同じ紙では代用できないのです。そのとき、「じゃあ、紙を半分こするね」と言って渡したら、ふたりとも納得してくれました。そのことがあったから、自分が遊んでいる積み木をお友だちが借りたいと言ったときに、「はんぶんこにして～」って言ってきたんですね。でも、先生は積み木を半分にする力はありませんけど！

ぽいんと

年少くらいの子たちは、「先生はすごい力を持っているんだ！」って信じているようです。子どもたちに「先生はどれぐらい力持ちなの？」と聞かれたことがあります。そのときは、「先生、この保育園持てるよ」と答えました。当然、「持ってみて！」となるわけで。外に出たときに建物の角を持って「うーん」って持ち上げるふりをしながら、「ちょっと浮いてきた！」と言うと、絶対動いてないのに「本当だ！」って大興奮！　みんな可愛いですね。

scene

44

とつぜん

つよしくん（5歳）からの質問——

つよし「せんせい、〝とつぜん〟ってなに？」
先生「急になんか… うわー！
みたいな感じかな」

すると、つよしくんが
ドヤ顔でお友だちに教えはじめた。

つよし「きゅうに なんか… うわー！
これが〝とつぜん〟だよ」

ごめんね！ 一緒に辞書で調べよう。

説明が難しいことを聞いてくる子の代表選手がつよしくん。「突然ってなに？」と聞かれたときに、「急になんか……うわー!! みたいな感じ」なんて下手な説明をしてしまいました。それでも、理解したようで、お友だちにドヤ顔で説明しているのを見て恥ずかしくなっちゃいました。そのあとに、一緒に辞書で意味を調べてみましたけど。

つよしくんに「ポイ捨てってなに？」と聞かれたときも上手く説明できませんでした。「ポイって捨てることだよ」と説明すると、ポイって投げることだと思うんですね。でも、ちょっとニュアンスが違いますよね。実際には、小さなゴミを道などに捨てることを「ポイ捨て」というわけで……。子どもに言葉を正しく説明するのってけっこう難しいです。

ぽいんと

説明に困ったときは、辞書で調べて説明します。辞書では難しすぎると思われるかもしれませんが、あんがい子どもは納得してくれます。下手に子どもっぽい説明をするよりも、「辞書にはこう書いてあるよ」と言うと、「ふ～ん、そうなんだ！」となるんです。

scene

45

ちゅうさい

園庭で3歳児クラスの子ふたりが
ボールを取り合っていたら、
年長クラスのかなちゃん（5歳）が仲裁に入った…

かな「どうしたのー？」

なんて素敵なお姉さんなんだと成長ぶりに
感激していると、

かな「じゃあ、たたかって
いきてたほうが
もらえるのはどう？」

何、その提案！

年長のかなちゃんは、ときに思いがけないことを言う子です。「闘《たたか》って生きていたほうが――」というアニメなどで出てくるようなセリフや「男の人と女の人がケンカしたときは、男の人がごめんなさいをしたほうがうまくいくんだよ」など大人顔負けのことを言ったりします。テレビで見たことや大人同士の会話で聞いたこと、それに子どもらしい発想が加わって面白いことを言うんですね。

また、かなちゃんは面倒見がいいので、年下の子が困っているとすぐ助けにいきます。**泣いている子が園庭にいたら「どうしたの？ お姉ちゃんに言ってごらん」って、この子なりに先生代わりをしてくれます。**靴が履けないで泣いている子がいたら、靴のマジックテープを「こうやってやるんだよ」って履き方を教えたり、とてもお世話好きなんです。

小さな子の面倒見がよくて、どうにかしてあげたいけど、出てくる答えはまだ子どもっぽい。そこがアンバランスで可愛らしいですね。成長していくのがとても楽しみです。

忙しいママ&パパ、大助かり！子どもに響くほうの言葉

静かにしてほしいときには…

小さな子どもに対して「静かに！」は効果が薄いと思います。保育園でよく使うのは、「大きな声はゾウさん！」「小さな声はアリさんがお話するくらいだよ…」「やってみよう！」と、『大きな声』『小さな声』の切り替えをするお遊び。これをやっておくと、「今はアリさんね」と伝えるだけで、子どもが実行してくれます。

子どもへの「言葉がけ」話法

言葉がけは、ポジティブなほうが子どもへ届きやすいですね。例えば、廊下を走る子には、「危ないから走るのやめようね」と言うより、「そんなに急いでどこいくの〜？」と言ったほうが耳に入りやすい。そして、その後の「でもさ、危ないから歩こうね」が最も届きます。

Chapter

5

しぜん大好き！

子どもにとっては風も木も、お月様も、自然はとても身近なお友だち。風が本をめくれば「いま ほん よんでた！」。夜空の月を見上げて「おつきさま ついてくる！」。大人が気づかない、とても素敵な発見にほっこりします。

scene

46

かだんのお花

お散歩中——

花壇に咲いているお花を見ていた

れいちゃん（3歳）。

れい「せんせい、おはな だれが いろ
ぬったの？」

先生「誰が色塗った？？」

れい「おっきくなったら、おはなに
いろ ぬるひとに なりたいなぁ」

何その発想、

可愛すぎるんですけど。

お散歩コースにお花がたくさん咲いている花壇《かだん》があって、いつもみんなで「きれいだね」「あのお花は、花びらが可愛いね」「なんていう名前のお花なのかな?」と話しているのですが、この日は、れいちゃんがいつになく真剣な表情でお花を見ていました。

それが気になった僕が「れいちゃん、お花きれいだね~」と話しかけたら「お花、誰が色塗ったの?」と聞いてきました。質問が理解できず、頭の上にハテナマークが出ている状態になっていたのですが、「れいちゃん、大きくなったらお花に色塗る人になりたい」と言われてようやくわかりました。**花壇のお花があまりにもきれいで「きっと誰かが色を塗ったんだ」「お花に色を塗るお仕事があるんだ」と思ったよう**です。「そんな人やお仕事はないよ」と言ってしまっては面白くありませんから「きれいな色だね。何色なのかな?」「何を使って塗ったのかな?」と話を広げると、より真剣にお花を観察していました。**いつか本当に「真っ白なお花に色を塗るお仕事」ができたとしたら、**きっとれいちゃんが第一人者になってくれると期待しています。

scene
47

おつきさま 1

あつしくん（3歳）との会話――

あつし「せんせいの　おつきさまも

ず～っと　ついてくる？」

先生「先生のお月様？

空のお月様のこと？

ついてくるよ～！」

あつし「そうなんだ！

ぼくの　おつきさまもね、

おうちまで　ついてくるんだよ」

一人ひとりにお月様があると

思ってたみたい。

お話（物語）好きなあつしくんは、どんなストーリーでも素直に受け入れます。例えば、節分の豆まきで「悪いことをしたら鬼が来る」と言われたら、「本当に鬼が来る！」と信じてすごく怖がります。このお月様の話も、パパかママに「あのお月様はあつしくんのだよ。だから家までついて来てくれるんだよ」と言われたのかもしれませんね。

絵本も、あつしくんはその物語が本当に起こっていることだと思うようです。『三匹の子豚』の絵本を読んだときは、「本当に狼が来たの？」「豚ってお家つくれるの？ どんなお家つくるの？ お城とかもつくるの？」って聞かれました。お話が終わっても「狼はそのあとどうしたの？」「その狼はいまどこにいるの？」……。絵本の中のお話だけではなく、ノンフィクションのように思っているんでしょう。

「狼がいまどこにいるか気になって怖い」と言うので、「狼は悪いことをしたらダメだってわかったから悪いことしなくなったんだよ」と説明したら一回納得してくれたのですが。「でもどこにいるの？ 怖いから教えて」ですって（笑）。

scene 48

おつきさま 2

りんちゃん（4歳）との会話――。

りん「せんせい、おつきさまは
やさしいよね」
先生「どうしてそう思ったの？」
りん「だってさ、くらいと こわいから
ひかって くれてるもん」

素敵すぎ!!

りんちゃんはほめ上手。いろんないいところを見つけてほめてくれます。「先生、お月様はやさしいよね」「どうしてそう思ったの?」「だってさ、暗いとコワいから光ってくれてるもん」なんて、素敵なセリフですよね。

お友だちや大人をほめるのも上手くて、「〇〇君、優しいんだよ。だってね、おもちゃ貸してくれたもん」、他の先生のことも「〇〇先生、優しいんだよ。だってね、抱っこしてくれたもん」など、その人の優しいところを見つけて、いつも報告してくれます。

この前は、僕もほめてくれました。「先生は優しいよね。いつもごはん出してくれるし、先生がごはん出してくれなかったらお腹ペコペコだもんね」って言ってくれて。些細なことでも、「優しい」って言ってくれる子なんです。

ぽいんと

真っ暗が怖いという子どもは、大人たちのせいかもしれません。「寝ないとお化けが来るぞ~」と言ったり、暗いところにいるパパがお遊びで「ウ~」と怖い声を出したりすると暗闇が怖くなります。パパだってわかっていても、大人が思っている以上に、子どもは怖いんですよね。

scene

49

すなば 1

みずきちゃん（3歳）と砂場で遊んでいると…

みずき「せんせい、みててね！」

先生「なになに？」

みずき「ジャー！」

（砂にジョーロで水をかけた）

先生「お水かけるの上手だねー！」

みずき「おみず かけたらね、
おすなの いろ かわるんだよ！
すごいでしょ！」

可愛い発見！

観察眼があるみずきちゃんは、いろいろ自分で発見して僕に報告してくれます。石けんで手を洗っているときに、「フーッ」と息を吹きかけるときれいな泡が飛びますが、それを先日発見して「先生！ ほら見て。シャボン玉みたいでしょう」って、教えてくれました。

また、みずきちゃんは何でも「自分が初めて！」が好きで、お花の名前を聞かれたときも、「パンジーだよ」と教えたら、「パンジーって誰が決めたの？」って言うんです。「昔の人がパンジーってつけたんだよ」と答えると、「パンジーじゃなくて、パンジャーがいいよ！」って、自分でつけた名前で呼ぶんです。

将来が楽しみですね！

ぽいんと

パンジーが咲いていたとしても、それを当たり前の光景として見ると、何の発見もありません。「みんな同じお花に見えるけど何かちがうなぁ」と言うと、「そういえば、お花によって少し色がちがうな！」と子どもは気づきます。次から子どもが自分から探すようになりますよ。

scene

50

すなば 2

つかさくん（5歳）が

砂場で深い穴を掘っていた——

先生「すごい穴だね！ ビックリした！」

つかさ「もっと ビックリ するよ！」

先生「えー！ どうなるの？」

つかさ「みずが でてくる！

『いど』って いうんだって！

テレビでみた！」

砂場で、

水源掘り当てようとしてた。

テレビのドキュメンタリーやバラエティ番組を見て、即座に遊びに取り入れるのが得意なつかさくん。砂場を掘って、井戸をつくろうなんて……、もし水が出てきたら大ニュースですよ（笑）。保育園の近くの広場に池があるんですが、**「この水を全部抜いたらすごいものが出てくるかもしれないよ〜」**と、つかさくんがいつも言うんです。あきらかに、あの番組を見てますね！

感心したのは、**「絵本の中に、自分で描いた絵を入れてみたい」**と考え出したこと。つかさくんが絵本にない絵を描いて、差し込んでおくんですね。それをほかの子が開いたときに、「え、なにこれ？」って驚くのを見て、その反応を楽しむという遊びです。そのほかにも、モニタリングやドッキリの企画みたいなことを自分であれこれ考えていろいろやっていました。

トーク番組をやってみたことも。つかさくんが前に立って、お友だちを何人か並べて、「僕が○○って言ったら、○○しゃべって」って、MC（司会者）をしていました。「つかさ御殿《ごてん》」だね！

scene

51

とりはずるい!?

まことくん(4歳)との会話──

まこと 「せんせい、とりって
なんで そら とんでるの?」
先生 「お空が好きなんじゃないかなー」
まこと 「ぼく じめん すきじゃないのに
あるいてる。とりは ずるいね」

可愛い答え。

「ボクは地面が好きじゃないのに歩いている。鳥はずるいね」って、可愛いボヤキですよね。「なりたいもの」がたくさんあって、「ずるいね」が口ぐせのまことくん。鳥だけではなく、「もぐらは土の中におうちをつくれるけど、ボクはつくれない。だからモグラになりたい」なんて言ったことも。

「ケーキ屋さんはずるい」というのもありました。「ケーキ屋さんは自分でケーキを作って食べられるけど、ボクのおうちはケーキ屋さんじゃないからケーキ食べられない。ずるいよね」って。でも、けっしてずるいから嫌だというわけではなく、自分もそうなりたいからボヤくんです。

まことくんはいろんなことに興味を持ってチャレンジしています。足の速いお友だちが「パパといつもかけっこの練習している」と聞くと、「**ボクのパパはかけっこの練習してくれない。○○君はずるい**」……。でも、自分もそうなりたいから「**先生と一緒にかけっこの練習する！**」となるんです。まことくんの「ずるい」は。すごくポジティブな「ずるい」なんですよね。

scene 52

やさしいタクシー

園庭でゆずるくん（3歳）がアリを見ていて…

ゆずる「せんせい！
アリさん おうち かえってる！」

先生「本当だ！
気をつけて帰ってほしいね」

アリを捕まえようとしていて…

ゆずる「おうちまで
はこんであげる！」

優しすぎるタクシー。

昆虫や動物に優しいゆずるくん。「アリさんがおうち帰ってる！ おうちまで運んであげる！」と、アリをせっせと運んでいました。でも、おうちがどこかわからないから「あそこがおうちだ！」って自分で決めて運んでましたが……（笑）。

連絡帳にもママとパパと動物園に行ったときの話が書かれてありました。ゾウが草しか食べられないと聞いて「可哀想だからおにぎりを食べさせてあげたい」と言って「ママ、おにぎり買ってきて！」と、ママとパパを困らせたみたいです。自分がおにぎりが好きだから、きっとゾウも食べたいに違いないっていう優しさからなんですけどね。

ぽいんと

都心部に住んでいる子どもたちは、街中で自然の動物を見る機会があまりありません。ハトやカラスなどは見ることはできますが、触れあうことはできません。その点、昆虫は都会で身近に見ることができ、触れることができる生物です。だからダンゴムシやアリって、特に子どもたちに人気なのかもしれないですね。

scene 53

ゆきのようふく

はじめくん(5歳)との会話——。

はじめ「せんせい、ゆきって
ようふく みたいだよね！」
先 生「洋服？ どうして？」
はじめ「あめがさ、
しろくて あったかい フワフワの
ようふく きてるみたいじゃん！」

この発想力。
大人にはないな。

たとえ上手なはじめくんですが、雪を洋服にたとえる発想力には感心しましたね。先日は、「先生は神様みたいだね」とはじめくんに言われました。「なんで神様みたいなの？」と聞くと、「ごはんを出してくれたり、すごくよく飛ぶ紙飛行機を作ってくれたり、ボクが眠いって言うとトントンして寝かせてくれるから」とうれしいことを言ってくれました。
でも、ときには辛口のたとえもします。園長先生に「園長先生は社長なの？」と聞いていて、園長が「社長じゃないよ。でも社長みたいなもんだけどね」と答えたら、「そうだね、だって偉そうだもん」ですって（笑）。

ぽいんと

子どもたちの素直な発想力はなにか形に残してあげたいですね。日誌などに書き留めてあげたり、子どもにその絵を描いてもらったり――。はじめくんの例なら、「じゃあ、雪のお洋服ってどんなのか描いてみようか？」と提案。さらに、その絵をもとに本当の洋服を作るのも面白いと思います。手頃なフリースを買って、モコモコの雪のような飾りをつけるだけでも家の中で喜んで着てくれる寝まきになりそうです。

scene

54 きみどり色

クレヨンでお絵描きをしているのぼるくん（5歳）。

のぼる「きみどりって なにに
つかうんだろうね～！？」
先生「何に使うかな～？」

その後のお散歩で、

先生「いろんな色の葉っぱがあるね！」

と初夏の若葉を一緒に見ていたら、

のぼる「きみどり!!!」

一緒に見て伝えられるって最高！

色には「人気のある色」と「人気のない色」があります。赤・青・ピンク色などは人気ですが、茶・黄土・ねずみ色などは人気がない色ですね。子どもたちは、「茶色は木にしか使わないじゃん！」「黄土色ってこれ何に使うの？」って言ったりします。きみどり色は人気がない色ではないのですが、のぼるくんは「きみどりって何に使うんだろう？」と疑問に思ったんですね。お絵描きのあとの散歩中に、初夏の青葉を見て「いろんな色があるね」と言いながら歩いていると、「あっ！　きみどり！」ってのぼるくんがきみどり色を発見！　一緒に見つけることができて、最高の気分でした！

ぽいんと

色彩感覚を身につけさせるには、外の景色から色を見つけるという遊びがおすすめです。「保育園に行くまでに、赤色が何個あるか見つけよう」など、日常生活でも簡単にできます。また、子どもにお洋服を選ばせてあげるのもいいかもしれません。色彩感覚やおしゃれのセンスは、子どもの頃から養《やしな》われますので、日頃から実践してみてはいかがでしょうか。「その組み合わせはちょっと……」というときもあるでしょうけど、それもその子のセンスです。

ギュー♡

ブルッ
少《すこ》し寒《さむ》く
なってきたね～
せんせい
さむいの？
ちょっとまってて！
えっ？
だっ
ダダダダダ
？
ダダダダダダ
せんせい！
ハァ
ハァ
ハァ
？
ぼくいま
あったかいから
ギューしていいよ！
ハァ
ハァ
ハァ
バッ
惚《ほ》れるわ
キュン…

Chapter. 1
Chapter. 2
Chapter. 3
Chapter. 4
Chapter. 5

Chapter

6

せんせい大好き！

いつも、たくさんの子どもたちと真剣に向き合っている保育士。子どもたちはそんな先生が大好きです。「せんせいだいすき！」「せんせい　ありがとう」「ギューってして」可愛らしい言葉やしぐさに先生もメロメロです！

scene 55

君がいるから

かずやくん（5歳）と遊んでいると――

かずや「せんせい！　ぼくさ～ほいくえん
まいにち　たのしいんだけどさ、
なんでか　わかる？」

先生「お友だちと遊ぶのが楽しい！」

かずや「ちがうんだよな～」

先生「どうしてか教えて？」

かずや「きみが　いるからだよ」

プロポーズかよ。

こういう少しキザなセリフをサラッと言えるのがかずやくんのすごさです。僕もキュン！としちゃいました。いつもお友だちの女の子に「かわいいよね〜」と気軽に声をかけていますが、かずやくんは何の恥ずかしさもなく、そう言えちゃうタイプ。そして、「**お洋服かわいいね**」など、相手が喜びそうなことにもちゃんと気づくんです。男の子のお友だちにも「**今日はちゃんとごはん食べてえらいね**」など、この年齢で〝ほめる技術〟をもう身につけています！

また、かずやくんは面倒見がいい子です。この前は、自分から「小さい子のクラスに行って、遊んであげたい」と言って、お友だちとふたりで2歳児たちの面倒を見ながら一緒に遊んでいました。

0歳児クラスに行ったときは、「**ちゃんと手を洗ってバイキンが手にないようにしないと。赤ちゃんすぐ具合悪くなっちゃうから、先生も行くときはちゃんと手洗いなよ**」って、かずやくんからしっかりとしたアドバイスをもらいました（笑）。

scene

56

こちょこちょ

こうくん（4歳）とのお遊び——

こう「せんせい、
こちょこちょ してー！」

先生「いいよー！」

こう「ふふふふ」

先生「まだやってないのに、
もうくすぐったくなっちゃった？」

こう「せんせいと あそべるの
うれしくて わらっちゃったの」

大好きだ!!

いつもうれしさが先に立って、がまんできないこうくん。おままごと（レストランごっこ）をしているときなどは、お友だちには「ハンバーグです！」ってふつうのメニューを出すんですけど、僕の分はメニューを言う前に笑いながら「先生は納豆です！」って。自分が考えたことがもう面白いんでしょうね。でも、その笑っちゃうところが可愛いんですけど。

僕が座って他の子と遊んでいると、こうくんが後ろから抱きついてきて「誰でしょうか？」ってやるんです。目を隠すとかではなく、ただ後ろから抱きついてくるだけ。それが後ろから抱きついてくるとき、もう笑っているんですね。笑いながら「誰でしょうか？」ですって（笑）。

ぽいんと

子どもとの上手な遊び方は、興味を持っていない遊びを無理強いしないこと。子どもに「やってみたい」と思わせることが大切です。例えば、「パパ、なわとび得意なんだ！」と楽し気にやっていると、「すごい！ボク（ワタシ）もやりたい！」と興味を示します。大人が楽しんでいると、子どもも一緒にやりたくなるんですね。

scene

57

やきもち

ひなちゃん（5歳）が別の男性保育士と楽しそうに遊んでいたので…

先生「○○先生と何して遊んでたの？
楽しそうだったねー！」

ひな「もー！ せんせいが いちばんすきだよ！ だいじょうぶ！ ねっ！」

僕がヤキモチ焼いてるみたいになってる！

ひなちゃんは、「先生は誰が一番好きなの？」とよく聞いてきます（子どもたちの中でどの子が一番好きなの？　という意味で）。僕が「みんな好きだよ」と答えると、「じゃあ、私は誰が一番好きだと思う？」。「え!?　誰なの？」と聞くと、「ないしょ！」って（笑）。女の子はママとそういう話をしているからか、男の子と違って恋バナにとても詳しいですね。

ひなちゃんが熱弁していて面白かったのは、「〇〇が一番大好き」と「〇〇だけが好き」は違うということ。どうやら、ママとパパとでそういったやり取りがあったらしいんです。仲のいいご夫婦で、ひなちゃんのパパが「ママが一番大好きだよ」と言ったら、ママが「一番大好きっていうことは、他にも好きな人がいるってこと？」という話になってしまったよう……。そこでパパが「ママだけが大好きだよ」と言ったら、今度はそれを聞いたひなちゃんが「**じゃあ私のことはどうなの？**」というツッコミをしたみたいなんです（笑）。

「〇〇が一番大好き」と「〇〇だけが好き」——、気をつけて使い分けます！

scene

58

すわりたい

たかくん（3歳）との会話——

たか「せんせい、おいす すわりたい？」

先生「うん！ 座りたい！」

たか「ぼくも すわりたい」

先生「じゃあ、一緒に座りに行こうか！」

テーブルまわりの椅子の近くへ行ったら、

たか「ほんとは せんせいの
おひざが いいの」

可愛すぎるだろ！

モ

モジモジしながら「本当は、先生のおひざがいいの」とたかくんに言われるなんて、保育士冥利《みょうり》につきます！

別の日、たかくんが絵本を持ってきて、「先生！これ読んで」と言ってきました。「じゃあ、読むよ」と対面になって読もうとすると、「先生と同じほうから見たい」と一言。ひざの上で自分だけが見れるようなスタイルですね。本当は絵本を読んでほしいのではなくて、僕のひざの上に座りたかったようです（笑）。

ぽいんと

「先生、おしっこしたい。一緒にトイレに行こう」と言われて、トイレに行くとおしっこしないってこともありました。便座に座るんですけど「出なかった」って。部屋に戻ってしばらくすると、また「先生、おしっこ」ってなるのですが「出なかった」の繰り返し……。もしかしたら、僕とふたりきりの時間がうれしかったのかな？と気づいて、他の子がまわりにいるときでも、たかくんとだけの時間を持ってあげたら、「トイレに行きたい」がなくなりました。子どもの本当にしてほしいことって、言葉の裏に隠れているんですね。

scene

59

366日

ゆうきくん（5歳）との会話――

ゆうき「せんせい、1ねんは 365にち
あるんだよね！」

先生「よく知ってるね！
4年に1度だけ366日あるのも
知ってた？ 1日多いんだよ！」

ゆうき「えー！ じゃあ、せんせいに
1かい おおく あえるじゃん！
よっしゃ！ ラッキー!!」

そんなこと言ってもらえて、
先生もラッキー！

ゆうきくんはサッカー少年です。サッカーがすごく好きで、「サッカーやろう」が口グセです。お友だちともしますが、僕とゆうきくんのふたりでサッカーをすることが多いです。**お友だちとやるよりも僕とやるほうが歯ごたえがあってよいみたい。**うれしいことに「**先生とサッカーをするのが一番好き**」って言ってくれて、毎日サッカー三昧しています！

土曜保育のときは、平日と比べて園児が少ないので「**先生！ きょうはふたりでいっぱいサッカーできるね**」ってゆうきくんは大喜びです。

園庭の壁をゴールにして、お互い敵同士でボールを取りあったり、ＰＫスタイルでやってみたり勝負をしています。ゆうきくんは僕が手加減すると怒るので、いつも本気でやらされるんですけど、本気でやると勝てないから、それはそれで怒るんです（笑）。

負けると泣いてしまいますが、次の日には「先生、サッカーやろう！」と誘ってきます。ゆうきくん、卒園の日まで、1回でも多くサッカーやろうね！

scene

60

クイズ

えいとくん（5歳）とクイズ——

えいと「せんせい、クイズです！」

先生「どうぞ！」

えいと「ねんちょうさんも
だっこ すき でしょうか？
ちがう でしょうか？」

先生「年長さんも抱っこ好き！
先生も年長さん抱っこしたい！」

えいと「せいかい です！」

そのまま抱っこ。幸せだ！

年長さんになると、ママやパパから「お姉ちゃんでしょ」「お兄ちゃんでしょ」と言われます。すると、子どもはだんだん抱っこをされるのが恥ずかしくなってきます。えいとくんも「年長さんも抱っこは好きなんだよ」と素直には言えず、クイズ形式で抱っこをおねだりしてきたのです。えいとくんとは、こういうクイズ形式の会話が多いですね！

ぽいんと

3歳くらいになるとクイズらしきものをやりはじめます。例えば、「ニンジンは何色でしょうか？」と子どもに出題されたとして、すぐに「オレンジ」と正解を言っては子どもにとってつまらない大人になってしまいます。なぜなら、その子の中では、激ムズの問題だからです。正解を知っている自分はすごい！という思いもありますからなおさらです。こうゆうとき僕は、「ニンジンって何色だっけ？青色だっけ？」「ぶー!!」、「じゃあ、黄色かな？」「ぶっ、ぶー!!」「あ、そうだ。緑色だった」「ぜんぜん、ちがうよ〜!!」って楽しんでます。「じゃあヒント教えて！」と続けると、子ども自身もいろいろ考えるので、よい遊びになりますよ。

scene 61

おさかな

がくくん（4歳）と園庭で遊んでいるとき――

がく「せんせい、ぼく おさかな だから
　　つってね！」
先生「わかった！ それー！」

と竿を振る真似をしたら、

がく「ううん！ それじゃ つれない！」
先生「どうしたら釣れるの？」
がく「ぎゅーって して」

このお魚、可愛すぎるんですけど。

お

魚や動物になって遊ぶのが好きながくくんですが、今回はお魚になって釣りごっこ。このときの「ぎゅーってして」は「ギューをしてほしい」というよりは、大きなお魚を捕まえる方法がそれだったみたいです。可愛いお魚にかわりはありませんけど。

イヌになって遊んだときは、「**ボクがイヌになるから『お手』って言って**」『**待て**』**とかやって**」、そして「**できなかったら、ちゃんとできるまで教えてね**」ですって（笑）。その後は、イヌになりきって「ワンワン」しか言わないんですよね。

ネコになって遊んだときは、「**ぼくネコだから狭いところに隠れるから探してね**」とかくれんぼがスタート。僕が「どこかな？ どこかな？」と見つけられないふりをすると、遠くから「ニャーニャー」って声がするんです。「あっ！ どこかからニャーニャーって聞こえる」と言うと、他のお友だちも気になって「何してんの？」と集まってきました。「がくくんがネコになっているから、探しているんだよ」と言うと、「**あそこだよ！**」ってみんなで見つけてくれました。

scene

62

けっこんした？

あきらくん（5歳）との会話——

あきら「せんせい、
そろそろ けっこん した？」

先生「まだだよ」

あきら「もう～！ ぼくが
しょうがくせいに なるまでに
けっこん してよね！」

先生「先生が結婚するの見たいの？」

あきら「あんしん したいの！」

実家の母親かよ！

子どもたちは、僕の結婚話が大好きです。多いときは週5（!!）で、僕が独身のことをいじってきます（笑）。

この日は、あきらくんに「先生、そろそろ結婚した？」と聞かれました。「そろそろって何？」と内心思いつつ「まだだよ」と答えたら、「もう〜！ ボクが小学生になるまでに結婚してよね！」とのこと。

僕の結婚式を見たいのかなと思って「じゃあ、先生が結婚式するとき、あきらくんを呼んであげるよ」と言ったら、「**ちがうよ！ ボクは安心したいの！ 先生が結婚したって、安心して小学生になりたい**」ですって。

自分が保育園からいなくなる前に、僕に結婚してほしいって、ものすごく力説しているのが面白くて、まわりの先生たちも笑っていました。

でも、このセリフって母親っぽいですよね。実家の母が冗談まじりに「息子（僕のこと）の結婚式を見てから、安心して天国にいきたい」と言ったりしますから（笑）。

scene

63

しょうぼうしゃ

「しょうぼうしゃ で〜す!」とかずまくん(3歳)。

先生「火事です! 火を消してください!」

かずま「コンビニ いってきます!」

先生「何でですか?」

かずま「おみず かわなきゃ
ひ けせない!」

この消防士さん、
ミネラルウォーターで
火を消す気だ!

かずまくんは、働くクルマが好きな子です。それも自分が働くクルマになって遊ぶのです。「消防車で～す！」と呼びかけてきたので、「火事です！火を消してください！」と叫んだら、「コンビニに行ってきます！」と謎すぎることを言ったので理由を聞いたら、「お水を買わないと火を消せない！」ですって（笑）。消防車が水を汲《く》み上げるってことはまだわかってないみたいですね。

パトカーになりきって遊んでいるときは、僕が「ここで事件が起きています！」とかずまくんに通報＝教えてあげるんですけど、するとパトカーのはずなのに「じゃあ、おまわりさんを呼んできます！」と謎すぎることを言います。そのパトカーは誰が乗ってきたんですか！

ぽいんと

男の子は働くクルマが好きですよね。サイレンが鳴ったり、はしごが伸びたり、クレーンがついていたりと、特殊で特別で、ふつうのクルマとはちがう秀《ひい》でたものが子どもの心をつかむのでしょうね。新幹線も「のぞみ」や「はやぶさ」は人気がありますが、「ドクターイエロー」のような〝働く新幹線〟はもっと人気があります。

scene 64

ふいてあげよっか

けんたくん（3歳）のオムツ替え中に

お尻を拭いていたら、

けんた「せんせい…」

先 生「どうしたのー？」

けんた「いつも おしり ふいてくれて

ありがとう」

（可愛い…）と思いつつ、

先 生「どういたしまして！」

けんた「せんせいも ふいてあげよっか」

気持ちだけ受け取っておきますね。

自分がやってもらったことを、先生にもやってあげたがるけんたくん。

例えば、折り紙で手裏剣《しゅりけん》を作ってあげると、まだ自分ではうまく作れないんですけど先生にも作ってあげたいからと、途中で手裏剣がぐっちゃぐちゃになって「つくれな〜い」って泣いちゃう。作り方を教えながら一緒に作ってあげると、その手裏剣を「はい、先生にあげる」ってくれるんです。

ごはんの配膳のときも、「先生の代わりにやってあげようか？」と言って、僕の代わりにやってくれようとするのです。当然できないんですけど、そうやって、先生たちにしてもらったことを自分もお返ししたいんですね。


寝るときには「先生、トントンしてあげようか？」、お散歩に行くときは「先生、手つないであげようか？」とこちらを気づかってくれます。子どもたちが麦茶を飲んでいるときは、「先生も麦茶飲む？」って、自分のコップに入っている麦茶を僕に飲ませてくれようとしたりします。

「子どもは大人の行動をよく見ている」と言いますが、けんたくんはふだん保育士がしていることを真似してくれるんです。先生、とてもうれしいよ！

scene 65

じいや

お姫様ごっこ中のりかちゃん（5歳）——

りか「じいや！　じいや！」
先生「誰がじいやだー！」

その後はじいやとして振る舞っていた。
よほど楽しかったのか、降園時に、

りか「まだ じいやと
あそびたい…」（号泣）

お迎えに来たママと一緒に笑った。
また明日会えますじゃ。

りか姫と執事（じいや）のお姫様ごっこ。この日は午前中から遊んでいたんですけど、りかちゃんはすごく気に入った様子。食事のときも、お姫様ごっこが続きました。「じいや、私にもごはん持ってきて」「姫、持って参りました」みたいな。それを一日中やってたんです。

よっぽど面白かったんでしょうか、お迎えのとき「まだ、じいやと遊びたかった〜」って、すごく泣いて。りかちゃんのママはわけがわかりませんから、「じいやって何？」ですって（笑）。「今日、僕が執事になってずっと遊んでたんですよ」と説明したら、ママも笑っていました。

りかちゃんは、ふだんからよく設定を考えて、いろんなものになりきるんです。それも、**やるときは徹底的になりきらないとダメ**。先生たちが恥ずかしがるのを許してくれません。例えば、「プリキュアになって！」と言われて、先生たちが恥ずかしがって半笑いでやったりすると、「**笑っちゃダメ！　真剣にやって！**」と演技指導が入ります。僕は恥ずかしがらずにじいやを真剣に演じたので、気に入られたのかな？

scene 66

ねていいよ

さとるくん（3歳）をトントンしていたら――

さとる「せんせいも ねていいよ」

先生「ありがとう」

横になり寝ているふりをしたら、

起き上がってお腹をトントンしてくれた…

さとる「ねたか…」

ただただ可愛かった。

お昼寝のときに、眠そうなさとるくんが僕にトントンしてくれたんです。トントンされながら寝たふりをしていたら、「寝たか」って、まるで先生や親のように可愛らしく言うんです。実際は「トントン」というか、「ドンドン」という感じで、「強すぎて寝れません！」だったんですけど（笑）。

お昼ごはんは僕も子どもたちと一緒に食べるのですが、やることがあると子どもたちが先に食べていることもあります。そうすると、「先生も食べていいよ〜」。公園でまわりに気をつけながら子どもたちを見守っていると、「先生も遊んでいいよ〜」って、さとるくんが優しい声がけをしてくれるんです。

ぽいんと

子どもが夜なかなか寝ないときは、やはり一緒に寝てあげるのが一番です。本当は寝る準備から、子どもと同じペースにするのがいいのですが、大人はそうはいかないので、寝るときだけでも「ふり」をしてください。子どもより先に寝る（寝たふり）と、「もうママ（パパ）寝たの？」と言ってきたりしますが、それでも寝たふりを続けていれば、子どももすぐ寝ちゃいますよ。

おわりに

最後まで読んでいただきありがとうございました!!

保育園ではこんな出来事がたくさん起こります。思わず笑っちゃうようなこと、ただただ面白いこと、感心すること、子どもの成長や感性にうるっとくること……、いろいろなエピソードが保育士のまわりにはあるのです。実際にはもっとたくさんの〝素敵な出来事〟がありますが、それは「あの子があんなことを言った」「この子がこんなことをした」という深いパーソナルを知っているからこそ共感できるもので、それを楽しむことができるのは保育士の特権だと思っています。

もちろん大変なこともたくさんあります。そちらも挙げ始めたらキリがないかもしれません（笑）。しかし、**みなさんにわかっていただきたいのは保育園という場所が、ご想像されているよりもさらに、はるかに楽しい場所だということです。**

朝、ある男の子が僕のところへ走ってきて「せんせいに ききたいことがあるんだけど」と言いました。僕が「なになに？ 先生に聞きたいこと、なんだろう？」と聞くと、男の子は「せんせいさ、いきてて たのしい？」と聞いてきました。思わぬ質問に笑いそうになりながら「先生、生きててとっても楽しいよ！」と答えると……、男の子はなんと言ったと思いますか？

僕は、男の子が「そうなんだ！ よかったね！」「楽しいのいいね！」なんて言うのかと思っていましたが、返ってきた言葉は「ふーん、そんなふうには見えなかったなぁ」というまったく予想していないもので、ついに吹き出して笑ってしまいました。

こんな面白いエピソードですが、僕は後に「**どうしてあの子はあんなことを言ったんだろう？**」と考えてみました。そこで思ったのは、もしかしたら僕がいつもより元気がないように見えたのかな？ それで心配して聞いてく

おわりに

れたのかな？ということでした。

「子どもは大人のことをよく見ている し、大人の言葉をよく聞いている」と言いますが本当にそのとおりで、今あげたエピソードが当てはまるかどうかは置いておいても、子どもなりに【観察】【行動】しているのだと思います。

だからこそ、「はじめに」でもお話ししたとおり、**子どもを幸せにするためには、まず大人が幸せになること**。本当に心から子どものためを思うのならば、子どものことと同じくらい、自分自身のことも大切に思ってあげてください。

それが、楽しい子育て・保育の第一歩なんじゃないかなと思います。

2019年3月吉日

てぃ先生

てぃ先生

関東の保育園に勤める男性保育士。


ちょっと笑えて、可愛らしい子どもの日常をつぶやいたTwitterが好評を博し、フォロワー数は46万人を超える。Twitter原作のマンガ『てぃ先生』シリーズ（KADOKAWA）は20万部を突破、著書である『ほぉ…、ここがちきゅうのほいくえんか。』（KKベストセラーズ）は15万部を超える大人気作に。

現在は保育士の専門性を生かし、子育ての楽しさや子どもへの向き合い方などをメディアなどで発信。全国での講演活動も年間50本以上。他園で保育内容へのアドバイスを行う「顧問保育士」など、保育士の活躍分野を広げる取り組みにも積極的に参加している。

ちなみに、名前の読み方は「T」先生。

公式HP	https://tsensei.com
Twitter	https://twitter.com/_HappyBoy
Instagram	https://www.instagram.com/tsenseidayo
YouTube	https://www.youtube.com/c/tsensei
Amebaブログ	https://ameblo.jp/tsenseidayo

保育士てぃ先生のつぶやき日誌
きょう、ほいくえんでね…!!

2019年4月18日　第1刷発行

著　者……………………てぃ先生

発行者……………………鉄尾周一

発行所……………………株式会社マガジンハウス
〒104-8003
東京都中央区銀座3-13-10
書籍編集部　☎03-3545-7030
受注センター　☎049-275-1811

印刷・製本所／株式会社リーブルテック
装丁・本文デザイン／細山田光宣、藤井保奈（細山田デザイン事務所）
漫画・イラスト／モチコ
編集協力／大熊美智代

ISBN978-4-8387-3045-2 C0095